그리고
사랑은
울지 않는다

가나북스

그리고 사랑은 울지 않는다

초판발행 2011년 9월 1일

지은이 김　만
펴낸이 배수현
펴낸곳 가나북스
주소 경기도 안산시 고잔동 703-3　www.gnbook.co.kr
대표전화 031-408-8811　**팩스** 031-501-8811
편집 디자인카페

ISBN 978-89-94664-12-5 (03040)

- 값은 뒤표지에 있습니다.
- 잘못 만들어진 책은 구입처에서 교환해 드립니다.
- 이 책은 저작권법에 의하여 한국 내에서 보호를 받는 저작물이므로
  무단전재와 무단복제를 금합니다.

그리고 사랑은 울지 않는다

글·그림 김만

거부된 모범답안

그동안 화가가 문필활동을 병행하는 것을 특별한 경우가 아닌 보편적인 일에 해당하였다.

그러나 이 책의 저자가 지난여름 상재한〈거부된 모범답안〉은 정치가 국민의 관심사에서 사라지고, 종교가 스스로 포퓰리슴에 갇힌 현실에서 눈에 띄는 한 권의 수필집이 였다.

화가가 문학 활동에 흡인되어 화가와 문인의 입장이 될 경우 대체로 세 가지 카테고리에 속한다.

화문집 · 기행화문집 · 시화집 등의 문인화의 전통을 이은 퓨전 미술의 형식이다.

저자는 이 책을 상재하기 전 처녀작인 장편 소설집 〈그곳엔 내가 없었네〉를 내놓아 문단은 물론 문화계 전반에 걸쳐 큰 충격을 주었다. 그것은 쓰나미를 몰고 온 저 가공할 지진의 강렬한 에너지의 분출이었다.

저자는 이미 소설을 통하여 한 화가의 밝은 삶과 어두운 삶을 오버랩 시키면서 그 충격파인 파장하에 인생론적인 수필을 또 선 보였다.

한국의 예술계는 백남준이란 아이콘을 잃은 후 새로운 아이콘의 탄생을 갈망하고 있었다.

저자는 프롤로그에 해당하는 〈인간이 만물의 영장인 까닭은〉과 에필로그에 해당하는 〈우린 어떤 삶을 살아야 할까〉를 통해 수필의 알파와 오메가를 구축 인간의 삶의 모범 답안을 탐색하려 했다.

〈사이버 여행에서 느끼는 것〉〈전쟁/그리고/중계〉〈인생은 아름다워〉는 시사성을 〈사랑이란 무엇인가〉〈사랑은 울지 않는다〉〈책상 서랍 속의 동화〉는 사랑을 테마로 〈폴 고갱에 대한 짧은 회상〉과 〈피카소는 큐비즘에서의 작은 에피소드〉는 인물 스케치에 해당된다.

저자는 앞에 글들을 통하여 인간의 삶이 판정내린 모범답안을 찾아 내려했지만 그것은 애당초 거부당한 프로젝트였다.

저자는 일상에서 살아가는 사람들의 생활 방식과는 다르게 살아가고 있다.

전자는 고정관념의 틀을 깨고 나오면 자신의 인생이 얼마나 귀하고 아름다운 것인가를 느끼게 될 것이라고 말하면서 〈가보지 못한 외길 삶이었다〉 깨닫게 될 것이며 분명 지금까지와는 정말 다른 삶의 가치를 발견할 수 있을 것이라는 것을 말해주고 있다.

변 인 식 (한국예술평론가 협회 명예회장 · 영화평론가)

Kimman. *essay*

I

우리 인간이 만물의 영장인 까닭은 • 사이버 여행에서 느끼는 것

사랑은 울지 않는다 • 전쟁 / 그리고 / 중계 • 책상 서랍 속의 동화

바보상자 • 폴.고갱에 대한 짧은 회상

2003. 비원리 오

우리
인간이
만물의 영장인
까닭은

우리 인간은 원숭이처럼 나무를 잘 타지 못합니다.

개처럼 냄새도 잘 맞지 못합니다.

말처럼 잘 달리지도 못합니다.

호랑이나 사자처럼 적을 공격하는 데 필요한 날카로운 발톱이
나 이빨은 물론 용기도 없습니다.

모든 동물이 대체로 태어나자마자 일어서고 걷는 데 비해 우리 인간은 겨우 일어서는 데에만 무려 일 년이나 걸립니다.

그러고 보면 우리 인간은 구태여 '다윈'의 진화론에 빗대어보지 않더라도 자연계에선 낙제생이 분명합니다.

그럼에도 불구하고 어떻게 그 한심한 낙제생인 우리 인간이 만물에 영장이 될 수 있었을까?

난 중학교 때 이 의문으로 인해 풀지 못한 시험 문제처럼 잠시 동안 번민했던 때가 있었습니다.

고등학교를 진학할 즈음에 결국 그 해답을 얻었지만…….

따져보면 대략 세 가지 중요한 요인 때문입니다.

첫째는 우리 인간은 타 동물과 달리 손과 발의 직립선이 발달되어 있어서 두 다리로 서고 걷습니다.

또 손가락 열 개를 자유자재로 움직일 뿐 아니라 머리카락처럼 가느다란 물체도 잡아 올릴 수 있는 섬세한 신경으로 발달되어 있습니다.

그리고 서서 있고 걸을 수 있다는 것은 자신의 발밑만 바라보고 그곳에서 먹이를 구하는 동물들과는 다르게 보다 먼 곳을 볼 수 있습니다.

먼 곳을 보니까 그만큼 시야가 넓어지겠지요. 동시에 시야가 넓어진다는 것은 생각하는 세계를 넓고 깊게 합니다.

두 번째는 우리 인간은 중추어감 신경이 발달되어 있어서 인간만이 유일하게 언어를 가지고 있다는 것입니다.

따라서 수십만 단어를 구사하는 능력은 인간에게 감정의 세계
를 알파로 주었습니다.
그래서 인간은 기쁠 때 웃고 슬플 때 울 수가 있습니다.

세 번째.
아마도 가장 중요한 요인이 되겠지요.

우리 인간만이 창조 신경을 가지고 있다는 것입니다.

지구상의 모든 동물이 자연과 환경에 영향과 지배를 받으며 진
화하였고 살아갑니다.

그래서 동물에겐 보호색이라는 것이 있습니다.

우리가 들판에서 보게 되는 메뚜기는 풀색과 같은 초록빛을 띠고 있습니다.

그러나 바위가 많은 산에서 만나는 메뚜기는 바위와 흙이 혼합된 듯한 갈색을 띠고 있습니다.

물속은 어떻습니까?

수심이 깊은 물밑에 있는 물고기는 대체로 납작한 모양이거나 뱀장어처럼 가느다란 몸통을 하고 있습니다.
수압이 미치는 환경 영향 때문입니다.

반대로 수면 가까이 올라갈수록 몸통이 크고 둥글게 발전한 모습을 하고 있습니다.
이 또한 수면 가까이 있기 위해 받아야 하는 부력 영향 때문입니다.

이처럼 모든 동물이 환경의 영향과 지배를 받는 데 비해 인간만이 유일하게 환경을 자신에게 맞도록 개조 하고 변화시킵니다.

어지간한 자연 생태는 마음만 먹으면 언제든 바꾸어 놓습니다.

어떻게 그런 일이 가능할까? 더 설명할 필요 없이 인간만이 가지고 있는 창조신경 때문입니다.

결국, 이런 이야기는 중학 교육 정도를 받은 사람이라면 누구나 알 수 있으며 〈 그런 뻔한 이야기를……. 〉 할 수가 있는 이야기입니다.

다만, 우리 인간이 가지고 있는 착각이나 기억 상실증 때문에 참 중요한 의미를 잊어버리고 있는 수가 있다는 것입니다.

내가 오늘 이 글을 쓰는 이유는 지극히 그 의미를 다시 한 번 상기시키기 위해서입니다.

인간이 만물에 영장이라고 했으나 만물에 영장인 우리 인간이 물질만의 부유나 배부름만을 가지고는 참 영장이랄 수 없다는 것입니다.

인간에게는 위에서 말한 세 가지 중요한 요인이 어우러져
최후로 추구해지는 세계는 결국 정신의 세계라는 것입니다.

우리는 그것을 정신문화의 세계라고 하며 정신문화의 결정체
는 바로 예술입니다.

문학. 음악. 미술. 각기 표현의 기법이나 세계는 다르지만 일관
되게 통일된 추구와 모티브는 인간, 바로 인간의 이야기입니다.

인간의 이야기는 무엇입니까?
삶입니다.

삶의 가치를, 그리고 질을 높이는 것입니다.
그래야 참 만물의 영장이랄 수 있는 것입니다.

그러기 위해선 '에스프리'의 영역을 부단히 넓혀야겠지요.

정신의 세계가 황폐하면 감정이 메말라지고 감정이 메말라지

면 인간 역시 동물적 본능이 지배하게 되기 때문입니다.

사이버 여행에서 느끼는 것

바밀리웅

비가 옵니다.

노한 듯 하늘을 흔들어대듯 울음소리도 크게 때론 천둥과
번개를 치면서 비가 내립니다.

내 방은 한쪽 벽면 전체가 마치 커다란 액자처럼 보이는 큰 창
으로 되어 있어서 이렇게 천둥까지 칠 때면 어둠이 검정 먹칠
을 해놓은 듯한 까만 창엔 각양의 번개 그림이 그려집니다.

몇 년 전 집을 나와 이곳에 작업실을 만들 때 한쪽 벽을 털어
내고 지금처럼 큰 창을 만든 때문입니다.

지난겨울엔 참 눈도 많이는 와서 세상에 색깔이란 꼭 하얀색
한가지인 것처럼 그렇게 하얀 그림을 많이도 보여 주었습니다.

그 겨울 나는 24시간 내리고 있는 커피, 그것도 갓 내린 향 좋
은 커피를 한잔 가득 부어 들고 창가에 서서 내리는 것은 하얀
눈뿐인 것을 오랫동안 아주 오랫동안 바라보곤 하였습니다.

오늘은 그 창에 비가 나립니다.
그러다, 문득, 사이버 여행이라도 하고 싶었는지 모릅니다.

사실 나는 주변에서 그렇게 많은 권유가 있었지만, 한사코 컴
퓨터를 거부해 왔었지요.

현대라는 산모가 낳은 분자 중에 가장 으뜸이라 할 최첨단 과학의 산물 컴퓨터의 가치나 기능을 부정해서가 아니라 요컨대 작가가 그림을 그릴 때는 캔버스 이상이 없고 글을 쓸 때는 원고지 이상의 것이 없다는 생각도 생각이지만 무엇보다 원고지의 한 칸 한 칸을 메우는 육필원고의 작업이야말로 작가의 혼과 정신이 깃든 작업임을 떨칠 수가 없었기 때문입니다.

그런 내가 결국 얼마 전부터 컴퓨터를 하게 된 것은 주변의 끈질긴 권유 때문이 아니라 오랜 작업 시간의 누적된 피로와 힘겨움이 결국 못 이기는 척 그 권유를 받아 드리게 된 것이라 봅니다.

예술가의 밑천은 화산처럼 분출하는 열정이라 했던가?
나는 뒤늦게 시작한 컴퓨터에 한동안 정신을 쏟아 부었던 것이 사실입니다

나는 어느 사이 그때까지 나와는 무관하다고 상상도 해보지 못했던 사이버의 세상을 여행하고 있었습니다.

그리고 뒤이어 찾아온 아픔과 허탈…….
그러나 분명 느끼게 된 세상이 있었습니다.

우리의 세상이 이처럼 훈훈함이 사라지고 정서가 메말라 혼탁해지고 삭막한 세상이 되는 것은 여러 가지 이유가 분명 있겠지만, 분명히 말해 중요한 요인 중 하나가 바로 컴퓨터 문화란 사실입니다

사이버란 무엇입니까?
말 그대로 가상의 세계이지요.

우리가 자랄 땐 비가 오면 진창길로 변하는 거리가 많았습니다.
천천히 걷거나 빨리 뛰거나 비를 맞기는 매 한가지련만 모두가

바밀리몽

뜁니다.

그러다 넘어지기 일 수고 그러면 같이 달리던 친구가 빗속을
되돌아와 일으켜주는 정이 있습니다.

넘어졌던 녀석은 해진 바지 사이로 무릎에서 넘어질 때 난 생
채기에서 피가 흐르지만 아픈 것을 모릅니다.

아니 아픔을 모를 리 있나요. 친구 녀석의 따뜻한 손길이 좋아
안 아픈 척 참는 것 이지요.

집에 돌아왔을 때 생채기가 쓰리고 따갑고 아픈 것을 비로소
느낍니다.

그런데 기다리고 있는 것은 사정없는 엄마의 매 입니다.

온몸이 진창이 되고 넘어질 때 다친 생채기가 아프기만 한데
누가 넘어지고 싶어 넘어져 다치겠습니까?

그런데 숨쉬기 힘들게 내려치는 엄마의 매질이 야속합니다.

옆에서 보기에 말입니다.

무지스럽게도 보입니다.

아이는 그냥 잘못했다고 때리는 엄마 매에 박자를 맞추듯 소리를 비명처럼 질러 댑니다.

매 맞는 아이는 판단이 없습니다.

그저 매를 멈추게 하려고 잘못했다는 소리만 있게 마련입니다.

얼마 뒤 속이 상한 엄마는 매질 대신 퍼져 앉아 곡을 하듯 웁니다.

아이는 그때 매질을 당할 때와는 정말 다른 슬픈 눈물이 찔끔거려집니다.

그것이 엄마와 아이 간에 스킨십이고 참 사랑이 담긴 랩소디였습니다.

자기가 보고 싶은 동화책이나 잡지책 한 권을 손쉽게 사서 볼

수 없었던 시절이 있었습니다.

그래서 누가 책 한 권을 사면 그만 걸레가 되듯 누덕누덕 찢어진 곳을 밥풀로 붙여가며 순서를 정해 빌려 봅니다.

가난이 송진처럼 달라붙어 있던 시절이었습니다.

그러나 그것은 물질의 가난일 뿐 정신의 부는 차곡차곡 쌓이며 성장하던 시절이었습니다.

누가 찐 고구마 한 개라도 들고 나올라 치면 고만고만한 녀석들이 새까맣게 둘러앉아 밤톨만도 안 되게 뜯어 나누어 먹습니다.

씹을 것도 없는데 되도록 오래오래 씹다가 목구멍으로 넘기며 참 먹는 맛을 혀끝이 아니라 가슴으로 느끼던 시절이었습니다.

그런데…….

요즈음 성장하는 아이들에겐 그런 교육이 없습니다.

모든 것이 너무 쉽게 쉽게만 얻어지고 가져지는 세상에 있습니다.

요즈음 엄마들은 모든 것이 흔해서인지 아니면 핵가족의 영향
때문인지 무조건적인 사랑이 참 자식에 대한 사랑이라고 생각
하는지 너무 쉽게 많은 것을 주는 경향이 있습니다.
그래서 아이들은 뭐가 귀하고 무엇을 아껴야 하는 것인지를 배
우지 못 합니다.

그러나 무엇보다 중요한 것은 그들 자신이 사람이면서 사람이
부재하고 사람이 무엇인지를 모른다는 것입니다.

왜 일까요?

그것은 컴퓨터라는 더는 비할 수 없이 비대한 괴물이 열어주는
사이버의 세계 때문입니다.

아이들은 인간이 무엇인지를 배우기 전에 아니 어쩌면 알 틈
없이 사이버 세계를 먼저 접하는 세계에 살고 있습니다.

그들에겐 지금 손가락을 움직일 때마다 바뀌는 가상의 세계가
어쩌면 현실인지 모릅니다.

또 한 가지 중요하게 느낀 것이 있습니다.

정말 가슴 아프게 느끼는 것 그것은 '역류' 라는 것입니다.
물이 높은 곳에서 아래로 흐른다는 것은 수 억 년을 두고 부정
할 수 없는 진리이지만 역류란 엄청난 홍수 때 간혹 있어지는
현상입니다
지금 우리의 현실이 바로 홍수의 시기인지는 모르겠지만
지금 아이들의 영향을 받은 어른들이 사이버 세상에서 너무도
열심히 흉내 내기를 하고 있다는 것입니다.

어쩌다 이렇게 된 것인지 한심하다는 말로만 표현키엔 너무도 가슴이 아프다는 것입니다.

이 글을 쓰고 있는 이 순간도 결국 나는 내 생명의 소비를 전제로 하고 있습니다.
우리가 살아 있다는 것 그리고 우리의 삶이 정말 얼마나 귀한 것인가를 조금이라도 느낀다면 아 정말 느낀다면 그렇게 사이버에서 헛된 소리로 소중한 삶의 시간을 까먹을 수 있을까?

매일 새롭게 쏟아져 나오는 과자 이름처럼 사랑이란 말 불러대며……

지금도 여전히 검정 보자기를 덮어쓴 넓은 창엔 비만 나립니다.

이런 날엔 누군가 공감이 이루어지는 사람과 아니면 사랑하는

사람과 향 좋은 커피 한잔을 가운데 두고 우리 사람의 이야기

를 밤새껏 나누어보면 어떨 런지…….

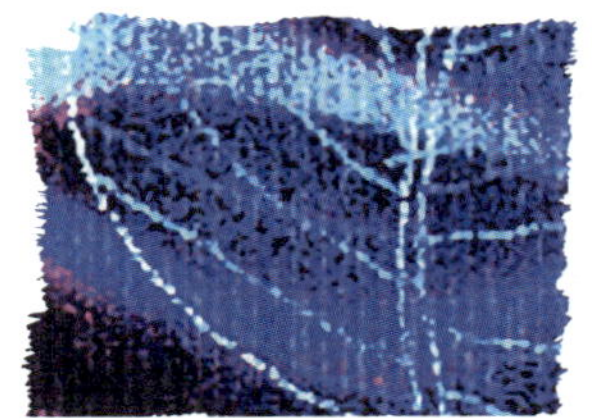

사랑은
울지 않는다

‘로트렉’은 문예부흥기 이후 ‘자연주의’(Naturalism)에서 현대회화로 넘어오는 길목의 징검다리라 할 ‘인상주의’(impressionism) 그러니까 흔히 ‘인상파’라고도 불리는 유파에 속하는 화가 중 한 사람입니다.

19세기 후반 유럽의 대 변혁을 일으킨 산업혁명은 예술계라고 해서 예외는 아니었습니다.

그러나 오늘 내가 말 하려는 것은 인상주의 태동의 배경이나 ‘애꼴’에 관한 것이 아닙니다.

이 글은 불행했던 한 화가의 기이한 사랑에 대하여 잠시 생각해보고 싶어서입니다.

‘로트렉’은 당시 대부분의 가난했던 화가들과는 다르게 ‘알비의 툴루즈’ 백작 가의 집안에서 태어나 귀족의 후예로서 그 자신 백작의 작위를 가지고 부모로부터 물려받은 넓고 잘 가꾸어진 정원이 있는 집에서 살았습니다.

대부분의 작가들이 가난 속에 캔버스와 물감을 걱정했지만 그는 그런 걱정은 할 것도 없이 넓은 아틀리에에서 여유 있는 작품 활동을 할 수가 있었습니다.

로트렉은 당시 파리의 선풍을 일으키던 소위 ‘캉캉’ 춤이 저녁이면 공연되던 '물랭루주'의 단골손님이기도 하였습니다.

담배를 몹시 즐겼던 ‘로트렉’은 고급한 여송연을 한쪽으로 지그시 문 채 술을 마시며 밤새 놀다가 새벽녘에야 마차를 타고 귀가합니다.

'로트렉'은 모든 면에서 부족함이 없어 보였습니다.

최소한 겉으로 보기엔 말입니다.

그러나 그에겐 치명적인 사실이 있었습니다.

어릴 때 계단에서 떨어졌다는 것과 승마를 하다 낙마를 했다는 두 가지 설중 어느 것인지 분명하지 않지만 분명 한 것은 그 후 성장 신경이 마비되어 상체는 성인으로 자랐지만 하체는 더 이상 크지를 못한 것입니다.

상상이 혹 될는지 모르겠지만 상상을 돕기 위해 설명을 덧붙이자면 무릎으로 서있는 어른을 생각해보면 상상이 되리라 봅니다.

그러니까 얼핏 보면 난쟁이의 모습인 것입니다.

하지만 그는 귀족답게 언제나 고급한 정장에 머리엔 실크해트 그리고 한 손엔 지팡이를 들고 다녔습니다.

참 신기하고 우스운 것은 파리 사교계의 내로라하는 팔등신 미녀들이 그런 '로트렉'에게 무던히도 적극적인 추파를 던지고 접근했다는 것입니다.

그러나 '로트렉'은 자신의 신체적 조건에 과분한 미녀들의 구애를 받아들이지 않았습니다.

그것은 진정한 사랑이 아니라 자기가 가지고 있는 여건 때문이라는 것쯤 '로트렉'도 알고 있었기 때문입니다.

그날도 날이 훤하게 밝아 오려는 새벽에 마차를 타고 집으로 돌아가는 중이었습니다.

'로트렉'을 태운 마차가 세느강 다리를 건너가고 있었습니다.

세느강에서 피어오르는 새벽 물안개가 다리 위를 연막탄을 쏘아 올린 것처럼 온 시야를 희뿌옇게 덮어버리고 있었습니다.

그때 세느강변 쪽으로 시선을 두고 있던 '로트렉'이 마차를 세우라고 소리칩니다.

희뿌연 안개 속에서 하나의 물체가 '로트렉'의 시선을 붙들었기 때문이었습니다.

그것은 한 여인의 뒷모습이었으며 그 여인이 당장 다리 난간에

서 뛰어내릴 것이라는 강한 느낌 때문이었습니다.

마차에서 내린 '로트렉'은 난쟁이 같은 걸음으로 황급히 뛰어
가 여인을 붙들었습니다.

순간 여인이 '로트렉'에게 고개를 돌립니다.

흐윽~ 호흡이 끊어질 듯한 소리를 낼만큼 여인의 얼굴은 흉측
한 몰골을 하고 있었습니다.

너무도 많이 울었는지 아이섀도가 눈물에 범벅이 되어 먹물처
럼 흘러내려 흉측한 몰골을 하고 있었습니다.

뿐만이 아니라 역겨우리만치 짖게 풍기는 값싼 화장품 냄새와
옷차림은 그녀가 파리 뒷골목의 싸구려 술집에 작부이거나 창
녀임을 짐작케 하고도 남음이 있었습니다.

'로트렉'은 그 여인을 자신의 집으로 데려갑니다.

그리고 그때부터 기이한 두 사람의 생활이 시작됩니다.

로트렉은 하녀들에게 지시를 하여 향 좋은 거품비누 목욕을 시
키고 생전 처음 보았을 침실에서 기거하게 하였습니다.

또 '로트렉'은 고급 드레스를 사고 거기에 알맞은 구두와 장신구를 선물하였습니다.

여인은 몰라보게 달라졌습니다.

그러나 그런 치장이 그녀의 천박한 분위기까지 금세 바꾸어 줄 수는 없는 것이지요.

'로트렉'의 작품에는 그녀를 모델로 한 작품이 꽤나 많습니다.

그녀는 생각지 않게 찾아온 풍요한 환경에 잠시 어리둥절한 기분이나 기쁨이 있었지만 얼마 뒤부터 지겹고 견디기 어려운 권태감이 찾아오게 되었습니다.

인간이란 비록 그것이 비참했던 것이라 해도 자기가 길들여진 것에 더 편함을 느끼고 동경을 하게 하는 심리적 요소가 있는 것도 같습니다.

갑자기 변화된 환경 상류사회의 생활양식 모든 것들이 낯설고 불편하기만 했을는지 모릅니다.

2001

여인은 그것이 얼마나 값진 행운인지 알지를 못 했기에 말입니다.

그녀는 자꾸만 하품을 합니다.

모델을 서는 동안에도 하품을 합니다.

그러던 어느 날 여인은 드디어는 가출을 하고야 맙니다.

‘로트렉’이 그녀를 뒷골목 사창가에서 찾아내는 데에는 꽤 여러 날이 걸렸습니다.

그녀는 그 짧은 기간에 벌써 빚을 지고 있습니다.

‘로트렉’은 포주에게 돈을 지불하고 그녀를 집으로 데려옵니다.

‘로트렉’은 이번엔 값비싼 보석도 선물합니다.

그런데…….

그녀는 다시 가출합니다.

‘로트렉’은 지난번 보다는 좀 더 많은 시간과 노력 끝에 그녀를 찾게 됩니다.

‘로트렉’을 본 그녀는 눈물로 일그러진 얼굴을 하고 ‘로트렉’

의 목을 두 팔로 감고 매달리며 혀 꼬부라진 소리를 냅니다.

〈 마음씨 좋은 화가 양반 나 좀 구해줘 〉 하며 애원하듯 합니다.

'로트렉'은 그냥 아무런 말없이 그녀를 데려옵니다.

며칠이 지나면서 그녀는 모델을 서다말고 '로트렉'에게 천박

한 욕설과 손에 잡히는 것은 아무거나 들어 던집니다.

그리곤 며칠 뒤 또다시 가출을 하였습니다.

그렇게 몇 차례의 반복 끝에 더는 그녀를 찾을 수 없게 되었습니다.

그 후로 '로트렉'에겐 이상한 버릇이 한동안 생겨 졌습니다.

그녀가 드레스 한 자락을 올리고 다리를 아무렇게나 내어놓고

어울리지 않는 목걸이를 한 채 벽에 비스듬히 기대앉아 모델을

서주던 곳으로 캔버스 방향을 옮겨놓고 마치 그녀가 거기에 있

는 듯 그녀의 모습을 그리는 것입니다.

몇 년 뒤 '로트렉'은 짧은 생애를 마감합니다.

'로트렉'은 죽기 전 무슨 말인가 하려는 듯 힘들게 입술을 실룩여

보았지만 결국 한 마디도 하지 못한 채 생을 마감 하였습니다.

참 사랑의 의미는 무엇일까?
파리 사교계의 화려한 미모의 여인들이 손을 내밀었지만, 그
유혹을 뿌리치고 '로트렉'이 마음속에 담은 사랑은 하고많은
여인 중에서 하필이면 그처럼 천박한 여인이 아니었을까?

느끼는 것은 각자의 자유이겠지만 음미하면 사랑에 대한 의미
또한 한 모서리쯤은 찾아질 수 있지 않을까?

전쟁
/그리고 /중계

새벽 2시가 좀 넘은 시간에 TV를 켰습니다.

두 개로 나뉜 화면은 아프간에 대한 공격을 알리는 아나운서의 얼굴과 미사일 공격이 퍼부어지는 아프간 현지의 실황 중계 화면 이였습니다.

언제부터일까? 생각해볼 필요 없이 전쟁을 스포츠경기의 축구나 야구를 중계하듯 하고 우리가 관람하듯 보게 된 것은 걸프전 때부터였습니다.

그렇습니다. 우리는 지금 전쟁을 스포츠 중계처럼 생중계되는
세상에 살고 있습니다.

오늘날 첨단과학의 우수성을 탄성과 함께 실감한다는 이야기
가 아닙니다.

기이한 것은 그 실황중계를 보면서 과연 우리가 입으로 침 튀
기는 것처럼 전쟁은 인간 최대의 비극이고 참혹이라고 생각하
고 있는가 하는 것입니다.

참으로, 참으로 인간적 아픔이 가슴에 와 닿고 있는가 하는 겁
니다.

아니, 미국이 언제쯤 아프간을 공격하고 그 실황중계를 우린
언제쯤 보게 될까? 사뭇 기다린 심정은 없었던 것일까?

지금 우리네 모든 매스컴이나 매스미디어가 테러에 대해 볼륨

을 있는껏 높여 쉼 없는 성토를 해대지만 따져보면 그 역시 시
대 흐름이 변형시켜놓은 현상에서 온 것일 뿐입니다.

오늘 누가 감히 테러에 대하여 옹호하거나 긍정을 할 수가 있
겠습니까?

있어진 현상이 어느 날 평온한 아침 뉴욕, 느닷없이 날아온 테
러범들의 납치 비행기가 금세기 최고의 위용을 자랑하던 쌍둥
이 빌딩을 강타한 순간 그 찬란했던 모습은 살아졌습니다.
아니 그게 문제가 아닙니다.
죄 없는 수많은 생명이 이유도 모른 채 참살되었습니다.
지금으로선 그 수를 헤아릴 수 없을 존귀한 생명들, 그들은 가
족과 형제, 사랑하는 사람들을 다시는 볼 수가 없게 되었습니
다.

아마도 그들 대부분은 정치가 무언지 왜 전쟁을 하여야 하는지

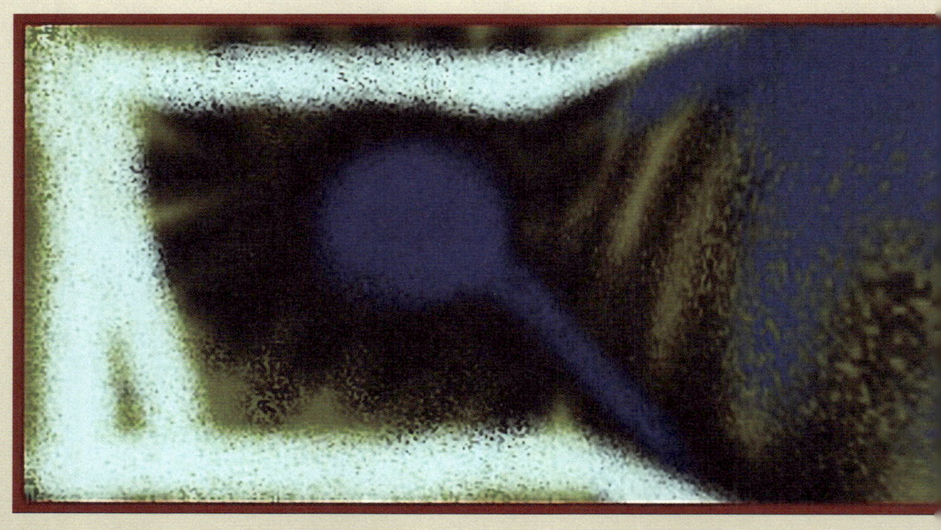

죽음을 맞이하는 그 시간 알거나 생각하고 있지 않았을 것입니다.

그들은 사랑하는 사람과 가족을 위해 일터로 나왔거나 나오던

시간 이였습니다.

그렇게 무고한, 생명이 다시는 이 세상에 존재할 수 없는 운명
이 되었습니다.

그들이 사랑하는 모든 것으로부터의 단절이 되었습니다.
그 현상을 두고 누가 경악하지 않을 수 있으며 슬픔을 느끼지 않을 수 있겠습니까?

그들 테러범이나 연루자들은 법 이전에 인간에 호소한 심판을
받아야 함이 너무도 마땅합니다.

그러나 시간의 앵글을 반세기 조금 너머로 옮겨 봅니다.
우리에게도 안중근, 윤봉길 두 분의 의사가 있었습니다.
하얼빈 역에서 이토 히로부미 저격한 안중근 의사, 일본군 장
성들이 참석한 상하이 홍구공원 승전기념식에 폭탄을 투척하
고 산화한 윤봉길 의사, 그 소식을 접했을 때 우리 민족은 모
두가 가슴으로 울었음이 분명합니다.

그리고 그것은 우리 민족의 정신이고 또 앞으로도 우리 민족이
살아 있는 한 영원히 이어지기를 갈망하는 정신일 것입니다.

그러나 일제하에서 두 분 의사는 불순분자 테러범으로 사형에

처해지고 말았습니다.

논리학 제1장에서 기준에 대한 정의를 잠시 들여다보지 않더라도 기준이란 시간의 흐름이 주는 배경에 따라 의미를 달리한다는 것입니다.

우리는 서로가 각기 다른 의식문화권에서 살고 있습니다.
그러기에 아랍권에는 그들의 신 알라가 있고 서구에는 휴머니즘의 바탕인 기독교 정신이 있습니다.

그 기독교 문화권을 대표하는 나라가 오늘날의 미국일 것입니다
기독교 정신이란 무엇이겠습니까?
〈네 이웃을 사랑하기를 내 몸과 같이하라〉
〈누가 네 오른쪽 뺨을 때리거든 왼쪽 뺨을 또한 대주라〉

나는 지금 종교에 대한 비판이나 이야기를 하자는 것이 아닙니다.

정치 얘기는 더더욱 아닙니다.

정치 잃어버린 지 너무도 오래이니 정치를 알 턱이 있나요

다만 이 시간 '장 폴 사르트르'가 떠올랐던 것뿐입니다.

어느 날 해변을 거닐던 그는 모래사장에 유난히 빤짝거리는 조약돌을 보게 되고 그것을 집어 수면위로 날리는 순간 갑자기 참지 못할 구토가 올라왔다.

1938년 발표한 사르트르의 '구토'란 소설은 그렇게 시작되고 그것이 실존주의 문학의 탄생이었습니다.

실존주의 사상이란 아시다시피 인간의 모순과 부조리를 갈파한 것입니다.
인간은 어쩔 수 없는 부조리 속에서 살아야 하는 생명체라는 것입니다.

그는 다시 네오 휴머니즘(Neo-Humanism)을 외칩니다. 즉 오브제(objet)로 가는 길 말이지요.

지금 우리가 떠들어대는 휴머니즘 그거 참, 휴머니즘 아니란 겁니다.

〈 역사는 사실을 근거로 한 바탕입니다. 그러나 시대적 배경에 따라 그 의미는 뜻을 달리합니다. 그것이 아마도 우리의 역사인 것 같습니다. 〉

※ 이 글은 미국이 테러를 당하고 난 이후 아프간을 공격한 시간에 썼던 글이다.

책상 서랍 속의 동화

어젯밤.

아니 정확히 말하자면 오늘 새벽이라야 맞겠군요.

나는 그때까지 글을 써댄 피로감 때문에 그지없이 딱딱하게만 느껴지는 컴퓨터 의자에서 내려와 방금 내린 따끈한 커피 한잔을 들고 따뜻했던 그 사람의 가슴처럼 포근한 소파에 몸을 맡겼습니다.

코밑에서 촉촉한 기운과 함께 올라오는 기분 좋은 향에 내 피로가 묻혀 버렸습니다.

커피를 들어 올려 한 모금 마시고 눈 살포시 감고 소파에 몸을 기대 뉘이면 방금 마신 따끈한 커피가 목구멍을 통해 배꼽 근처를 향해 내려가는 것이 느껴집니다.

아, 그때의 편안함…….

그러다 문득 나는 전날 어렵사리 구해 두었던 영화 한 편이 생각났습니다.

그 시간까지 누적된 피로 때문에 웬만한 영화는 보다가 나도 모르게 잠들기가 십상입니다.

그러나 오늘 새벽엔 결코 잠을 잘 수가 없었습니다.

언제 어떻게 시간이 가버렸는지조차 알 수도 없었습니다.

큰 창에 드리운 커튼 사이로 겨울 새벽의 빛이 조용히 스며 들

때 영화는 끝이 났습니다.

그제서야 나는 잊고 있던 한숨 같은 깊은숨을 길게 내쉴 수 있었습니다.
그러니까 아마도 나는 그때까지 숨도 제대로 쉬지 못했던 것이 분명했습니다.

다만, 생각나는 것은 영화를 보는 내내 가슴 저 안쪽에서 끊임없이 뭉클대며 올라오는 감동으로 인해 쉴 사이 없이 내 눈 뚜껑을 흔들어 놓았다는 것입니다.

영화는 중국이 낳은 금세기 최고에 감독인 "장이머우"의 〈 책상 서랍 속의 동화 〉였습니다.

난 끊임없는 의문이 일어났습니다.

사회주의 공산국가 중국에서 어떻게 "장이머우" 같은 위대한 휴먼 감독이 나올 수 있냐는 겁니다.

"장이머우"는 2차 대전 후 프랑스가 낳은 최고의 감독 "르네 크레망"과 더불어 이십 세기 가장 위대한 감독이 아닌가 생각합니다.

이십 세기 가장 훌륭한 감독을 말하라면 나는 거침없이 "장이머우"의 이름을 소리쳐 부를 것입니다.

"르네 크레망"에게 〈 금지된 장난 〉이 있다면 "장이머우"에게는 〈 책상 서랍 속의 동화 〉 가 있습니다.

"장이머우"는 〈 책상 서랍……. 〉 이전에도 세계인의 시선을
집중시킨 수많은 작품들로 지금껏 이어져 왔습니다.

그러나 아마도 〈 책상 서랍……. 〉으로 그는 절정에 와 있다
는 생각이 들었습니다.
〈 책상 서랍……. 〉은 베니스 영화제에서 대상인 황금사자상을 수
상했으며 지난번 부산 영화제의 폐막작으로도 선정되었습니다.

영화의 스토리는 정말 간단합니다.

우리나라로 말한다면 농촌 그것도 산간벽지의 아주 작은 초등
학교가 배경입니다.
교실도 달랑 하나, 학생 수는 사십 명도 제대로 안 됩니다.
물론 선생님은 할아버지가 다된 선생님 한 분 뿐입니다.

이야기는 그 늙은 선생님이 모친의 병이 위독해 어쩔 수 없이 한 달간 학교를 떠나야 하는 상황에서 비롯됩니다.

대리선생에게 한 달간 학생들을 맡겨 놓을 수밖엔 없는데 문제는 그 대리선생으로 낙점된 인물이 초등학교를 겨우 마치고 나이가 겨우 십 오륙 세 정도밖에는 안 된 소녀라는 점입니다.

그 어린 소녀가 학생들의 임시 교사가 된 후 작은 에피소드들이 잔잔히 메아리칩니다.
드디어는 한 어린아이가 도시로 나가게 되고 임시교사인 소녀는 아이를 찾아 도시로 나가 그야말로 천신만고 끝에 소년을 찾아 학교로 돌아온다는 이야기입니다.

소녀 선생은 얼마 뒤 학교로 돌아온 늙은 선생에게 아이 하나가 도시로 나가버렸다고 보고만 하면 될 것을 왜 그토록 험난한 과정을 거치며 천신만고 끝에 소년을 찾아왔을까요?

임시 교사로서의 책임과 의무감 때문이었을 까요?

아닙니다.

그것이 "장이머우"가 말하려는 휴머니즘인 것입니다.

그것이 "장이머우"가 작품에 임하는 바탕이기 때문입니다.

영화의 무대는 거짓이나 상상의 얘기가 아니라 오늘 현재 중국
의 현실입니다.

그런데도 "장이머우"는 〈 책상 서랍 속의 동화 〉 라고 이름을
붙였습니다.

왜? 왜일까요?

그것은 "장이머우"의 희망이고 바람 이였기 때문이라고 생각됩
니다.

그리고 "장이머우" 자신 낡은 책상서랍 저 안쪽에 깊이 묻혀져

있을 동화라고 생각하였을 것입니다.

사랑, 진실, 이것은 우리들 입술로 말하는 것이 아닙니다.

진실로 사람과 사람의 순수한 마음과 맑은 눈길이 마주하면 눈 감아도 우리들 입술로는 그리고 어떠한 위대한 작가도 말과 글로는 구사할 수 없는 위대한 언어가 가슴 뭉클하며 교류될 수밖에 없습니다.

이 영화는 그것을 우리에게 아니 "장이머우"는 그것을 〈 책상 서랍……. 〉에서 말해주고 보여주고 있습니다.

바보상자

어젯밤,

무료한 시간에 잠시 TV를 켜자 화면 가득히 아름다운(?) 아가

씨들이 화면 가득 차있었습니다.

몸을 가린 곳보다는 드러난 부분이 더 많아 보이는 차림새의

아가씨들…….

알고 보니 모 방송국에서 주최하는 무슨 슈퍼모델 선발 전야제

란다.

제법 주가를 올리는 코미디언과 사실 주 전공 분야가 무언지 구별이 안 되게 여기저기 프로마다 약방에 감초처럼 나오는 사람 두 사람의 더블 MC로 진행하고 있었습니다.

갑자기 본선에 앞서 슈퍼모델 퀴즈 왕을 선발한다고 MC가 소리칩니다.

역시 모 방송국 학생 퀴즈 프로를 흉내 내어 모델 후보아가씨 몇십 명이 조그만 칠판을 들고 앉았습니다.

초등학생을 상대로 하는 듯한 문제 두 개가 나가고 나서 MC가 목청을 돋우어 외칩니다.

〈 자 팔방미인이 무슨 뜻인지 적으세요! 〉

꽤 많은 인원이 답을 적었습니다.

이때 MC가 또 소리를 칩니다.

〈 자 이번엔 팔방미인을 한문으로 적으세요! 〉

八方美人을 모르는 사람은 없겠지요?
그런데 꽤 많은 아가씨들이 적은 한문은,

〈 8 方 美 人 〉〈 八 朴 美 人 〉 이었습니다.

방청객들의 즐거운 웃음소리가 크게 스피커를 통해 흘러나왔
지만, 또 MC들이 크게 웃으며 그 글을 모니터에 크게 클로즈
업 시켰지만 난 TV를 껐습니다.

오늘 밤엔 그들 중 몇 명이 슈퍼모델로 선발될 것입니다.

또 얼마 뒤엔 TV에 출연하고 따라선 사회자가 되기도 할 것입
니다.

그들 그들이 말입니다.

또 방대하기 이를 데 없는 대중매체를 통해 국민에게 보여줄
것입니다.

그것을 보아야 하는 그리고 그런 유에 자신도 모르는 사이
울고 웃으며 세뇌되어 가는 사람들이 얼마나 슬픈 것인가?
또 그런 방송을 보면서 청소년들이 왜 힘들게 공부를 하려 들
겠는가 하는 것입니다.

공부는 해서 무얼 하나? 책은 읽어서 무얼 하나?
외모만 열심히 가꾸면 될 것을…….

나는 참을 수 없는 서글픔이 가슴 안쪽에서 그 시간 꾸역꾸역 올라오는 것을 어쩔 수 없었습니다.

이것이 오늘의 현실이고 우리들인가? 자탄하지 않을 수 없으면서 말이지요.

TV 문화가 가장 먼저 발달한 미국의 한 사회학자의 말이 생각납니다.

〈TV는 바보상자다. 그것을 많이 보는 만큼 바보가 된다. 〉

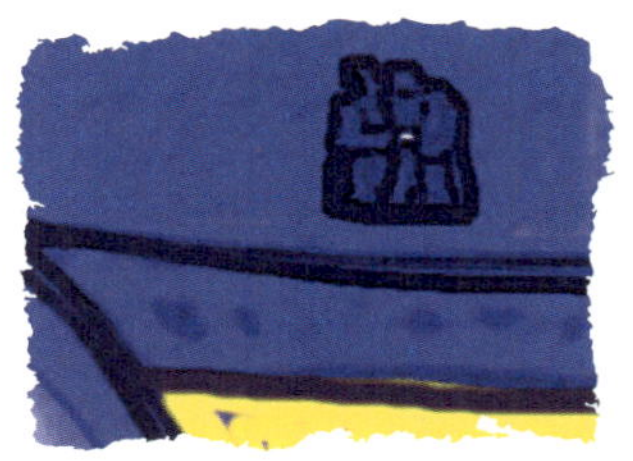

폴.고갱에 대한 짧은 회상

폴.고갱 (Paul Gauguin, 1848.6.7~1903.5.8)은 우리가 잘 알고 있다시피 후기 인상파에 한 사람이며 '고흐'와 더불어 짧지만, 매우 드라마틱한 생을 살며 짧은 작가의 시간 이였지만 훗날 현대 회화에 지대한 영향을 준 작가입니다.

그는 35세가 될 때까지는 파리 증권가에서 촉망받는 중매인 이였습니다.

영국에 본사가 있고 말하자면 파리지점에 지점장 격이 이었습
니다.

남부럽지 않을 만큼 치부도 하였고 가정적으로도 안정적인 생
활을 하고 있었습니다.

그런 그가 어느 날 부인이 외출하고 없는 화장대 위에 짧은 글
이 적힌 메모를 남기고 집을 떠납니다.

〈 이제 그림을 그리기 위해 나는 여행을 떠납니다. 이 여행이
언제쯤 끝이 날는지는 나 자신도 모릅니다. 〉

메모에는 그렇게 단지 그렇게 적혀 있었습니다.
고갱은 그렇게 다섯 명의 자식과 부인을 남겨두고 아련한 동경
의 꿈을 꾸어왔던 그림의 세계로 여행을 떠나게 됩니다.

사실 '고갱'에 대한 에피소드는 너무도 많아서 어지간히는 책 한 권으로도 모자랄 것입니다.

이 글에서는 그저 간단히 '고갱'의 인생 행적을 몇 가지 기술하는 것에 불과합니다.
더군다나 '고갱'의 경우 짧은 화력의 시간임에도 훗날 "포비즘"의 대가 '마티스'에게 지대한 영향을 주었습니다.

그렇다면 가정적으로나 사회적으로 별반 부족함이 없이 상류생활을 영유하던 '고갱'이 어느 날 갑자기 모든 것을 포기한 채 고행과도 다름이 없는 그 험한 화가의 길을 선택하게 된 배경은 무엇이었을까? 궁금함이 치솟지 않을 수 없습니다.

그것은 평소에 문명세계에 대한 지독한 혐오감도 있었지만 어릴 적 기억의 영향도 크게 영향을 준 것이 아닌가 생각됩니다.

'고갱'에게는 작은아버지가 한 분 있었습니다. 그러니까 삼촌이지요. 그 삼촌은 세계 곳곳을 다니는 큰 상선의 선장이었습니다.

'고갱'은 아주 어릴 적 방학 때였던 모양입니다. 삼촌의 배를 타고 여행을 하였던 때가 있었습니다.

어느 날 배는 아프리카의 이름 모를 해변에 정박하게 되었습니다. 그리고 그곳에서 하룻밤을 보내게 되었습니다.
상선이 컸기 때문에 육지에선 좀 떨어진 바다에 닻줄을 내리고 한밤을 보내게 되었습니다.

그런데 세상이 온통 고요에 휩싸인 밤. 잠이 들려던 '고갱'의 청각을 흔들어 깨우는 소리가 있었습니다.
〈 둥둥 둥둥둥……. 〉 어린 '고갱'이지만 가슴이 마구 흔들리게 하는 원주민의 타악기 소리였습니다.

'고갱'은 자리에서 일어나 선상으로 뛰어 올라갔습니다.

그때 '고갱'의 눈앞에 펼쳐진 광경 그것은 멀리 해변 모래사장에서 원주민들의 횃불 잔치였습니다.

아니 '고갱'은 처음 그렇게 느꼈습니다.

'고갱'은 호기심 찬 눈으로 그 정경을 신기한 듯 바라보았습니다.

얼마 뒤 선상에 올라온 삼촌의 설명으로 그것은 원주민이 먹이 사냥을 끝내고 그 사냥을 성공케 한 신에게 감사제를 올리고 있는 의식임을 알게 되었습니다.

사다리꼴로 엮은 나무에 매달려 밑에서 활활 타오르는 불길에 몸뚱이를 태우며 먹이는 기름 섞인 연기를 신을 찾아가듯 뽀얗게 올립니다.

그런 먹이를 중심으로 원주민들이 기름을 부어 바른 듯 짙은 갈색의 윤기 있는 피부를 불빛에 빤작이며 원을 그리듯 괴성과 함께 춤을 추고 있었습니다.

그 춤은 인위적으로 조작 된 것이 아니라 물이 흐르는 것처럼 자연스럽게 흐느적거리듯 하다가 때론 아주 격정적인 몸짓이 물소 가죽으로 만든 타악기의 리듬에 맞춰 아주 리드미컬한 것 이었습니다.

‘고갱’은 넋이 빠져나간 듯 그 정경을 오랜 시간 바라보았습니다.
훗날 ‘고갱’이 성인이 되고 젊은 시절 그 역시 한때 상선의 선원 생활을 하게 되었던 ‘고갱’이 선원생활을 그만두고 파리로 돌아와 사회인이 되어 소위 우리들 잣대로 성공한 것이라 믿어 졌을 때 화려한 파리의 아가씨 또는 여인들의 짙은 화장과 인공 향수가 풍겨주는 역겨움 속에서 ‘고갱’은 아련히 어린 시절

어느 아프리카의 밤 그리고 해변의 횃불 원주민의 까맣고 기름
을 부은 듯 윤기 있는 피부 리드미컬한 춤 이 향수처럼 떠올랐
습니다.

'고갱' 은 그런 생각이 떠올려진 이후 문득문득 그때의 정경과
생각이 강하게 가슴을 쳐대는 것을 느꼈습니다.

〈 과연 우리가 아름답다고 하는 것, 그리고 인간, 인생이란 무
엇인가? 〉
하는 생각의 반복 끝에 '고갱' 은 그림을 선택할 결론을 얻은
것입니다.

그리고 결국 남태평양의 타히티 섬으로 떠나는 결과가 되었고
아프리카 원주민과 밝은 배경이 그의 강렬한 색채의 예술로 승
화시켰던 것이라 봅니다.

ARCAREA

네, 아마도 그럴 것입니다.

'고갱' 의 예술은 아프리카입니다
아니 인공적 미가 아니라 자연 그대로가 살아 있는 원색적 색
채와 단순한 선 그리고 그의 모티브는 거의가 아프리카 원주민
을 토대로 한 것입니다.

원주민의 건강한 인간성과 열대의 밝고 강렬한 색채가 그의 예
술을 완성 시켰습니다.

오늘 우리가 참 아쉬운 것은 절친했던 '고흐' 와의 헤어짐 이후
타히티 섬에서 몸은 허약해지고 매독으로 병든 상태에서 조작
된 인간들의 문명을 벗어나 '고갱' 이 죽을 때까지 정착했던 타
히티 섬.
그는 병들고 지친 상태에서 마지막으로 가족들과의 재회를 꿈
꾸었지만 결국 실패로 돌아가고 쓸쓸히 짧은 생을 마감합니다.

여기에서 우리가 무엇보다 안타까운 것은 원주민 여인과 살며 그의 생명이 모두 타들어갈 즈음 그려진 진주보다 영롱하고 다이아몬드보다 더 빛나는 그림들이 '고갱'이 죽기 전 언어가 제대로 통하지 않는 원주민 여인에게 모두 불태워 버리라고 한 명령에 원주민 여인의 너무도 충직스런 이행으로 상당수 작품이 잿가루가 되었다는 것입니다.

'고갱'으로선 세상이, 사람들이 보아주지 않는 자신의 그림을 남겨둘 이유가 없다는 생각이었는지? 아니면 본래 순수한 작가란 누구를 위함이 아니라 자신의 작업 과정에 의미가 있는 것이니……. 그런 의미가 아닐까?

아니 어쩌면 두 가지 생각 모두였는지 그저 이 시간, 이 글을 쓰면서 또 한 번 반추하여 볼 뿐입니다.

II
사랑이란 무엇인가(Ⅰ) · 사랑을 하려면(Ⅱ)
사랑하는 마음(Ⅲ) · 사랑에 대하여(Ⅳ)

바밀리옹

사랑이란 무엇인가 (I)

제아무리 위대한 성현이라 할지라도 사랑의 정의를 구하고자
한다면 분명하고 선명한 답을 주지는 못할 것이다.

왜냐면 사랑엔 정답이 있을 수 없기 때문이다.

사랑은 저마다 사랑을 하는 사람에 따라서 그 색깔이 다르고
느낌이 다르며 자신의 사랑에 대해 바라는 꿈, 그리는 그림이

다르기 때문이다.

그러나 우리가 주지하여야 할 것은 자신의 사랑이 연속극 속의 사랑과 같은 것이 아니고 진정 참 사랑을 하는 것이라면 몇 가지 절대적 진리가 있음을 깨달아야 한다는 것이다.

사랑은 무엇인가?
사랑은 이론이 아니다.
사랑에 이유를 달면 그 순간 이미 사랑은 소멸 된다고 보아야 할 것이다.

언젠가 말했듯이 높은 산 정상에서 보게 되는 샘물이 깊이를 측정키 어려운 수천 미터 지하에서 오랜 시간 정수과정을 거친 끝에 보여주는 맑은 물인 것처럼 그래서 더없이 맑은 수정 같은 샘물이 된 것처럼,

사랑도 그처럼 우리의 가슴 안쪽 어딘가에서 솟아오르는 샘물 같은 감정인 것이다.

사랑이 가슴에 움트면 그것은 어떤 힘으로도 막을 길이 없다.
그럼에도 사랑에 이유를 붙여 찾아든 사랑을 떨치려 몸부림친다면 그처럼 어리석은 짓은 없을 것이다.
아무리 몸부림쳐도 사랑의 마음은 떨쳐지는 것이 아니기 때문이다

왜냐면, 사랑은 한번 가슴에 움트는 순간 나 전신에 번져서 스며들어 버리기 때문이다.

사랑은,
확인이 아니라 가슴에 담는 것이다
왜냐면, 사랑은 가슴으로 하는 것이지 입으로 말하고 머리로 하는 것이 아니기 때문이다.

사랑은,

요구가 아니라 배려이다.

왜냐면, 사랑은 내가 얻으려는 것이 아니라 주는 것이기 때문
이다.

사랑하는 사람이 즐거워하고 행복해하는 것이라면 무엇이던
하고픈 마음 그 마음이 바로 우리 가슴에 자리 잡은 사랑이기
때문이다.

사랑은,

꼭 같이 있어야 하는 것이 아니다.

왜냐면, 사랑은 육체적인 것만이 아니라 정신적인 것이 더 크
기 때문이다.

사람들은 흔히 사랑하는 사람들이 한곳에 같이 있지 못하면 슬

픔, 그리고 그리움이란 단어를 가져다 붙인다.

사랑을 하는데 같이 있지 못하다는 것이 슬프다는 생각일 것이
다.

그러나 그것은 사랑을 옳게 이해하지 못하는 데에서 오는 것이다.

사랑의 본질은 서로를 그리워 찾는 그리움이란 것을 모르기 때
문이다.

또 사랑으로 인해 슬픔을 느낀다면 그것이 단순한 슬픔이 아니
라 사랑하기 때문에 느낄 수 있는 또 하나 사랑의 감정이며 행
복이라는 것을 모르기 때문이다.

사랑은 괴로운 것 슬픈 것 모든 것을 포함해 행복한 것임을 알
아야 한다.

사랑은,
거리감이 없다.

왜냐면, 사랑하지 않는 사람과는 평생을 같이 있어도 그 거리
는 수만리 보다 더 먼 거리이지만 사랑하는 사람은 멀리 있다
해도 언제나 가슴에 담가져 있기에 거리감이 없다.

사랑은,
혼돈이어선 안 된다

좋아하는 것과 사랑하는 것을 혼돈하여선 안 된다는 말이다.

우리는 일상에서 잡다한 물건에서부터 사람에 이르기 까지 참
으로 많은 대상에 대하여 좋아하는 감정을 갖게 된다.
그러나 그런 감정은 경우에 따라 없어도 상관이 없다.

그러나 사랑은 아니다.
왜냐면, 사랑은 오직 하나 절대 이기 때문이다.

그래서 누군가 괴롭지만 견디기 어렵지만 사랑을 잊어야 한다
며 몸부림친 끝에 사랑이 떨쳐 졌다면 그것은 사랑이 아니라
사랑이라 잘못 착각한 것일 뿐이다.

왜냐면, 사랑은 떨쳐지는 것이 아니기 때문이다.

사랑은,
아름답다.
행복하다.

누군가를 사랑하고 그 사랑을 가슴에 담고 있는 시간이야말로
인생에서, 삶에서, 가장 아름답고 더없이 행복한 시간임을 알
아야 할 것이다.

〈 참 사랑을 한번 해보라 〉

사랑을
하려면
(Ⅱ)

나는 몇 번인가 사랑에 관한 이야기를 말 한바 있다.

대체로 사랑은 이러한 것이라고 피설 한 내용들이었다.

사랑은 무엇이라고 단호히 정답을 내릴 수 없으니, 그저 인류가 살아오며 지금껏 있어진 원론적 이야기를 하는데 그칠 수밖에는 없었다고 본다.

그러나 사랑을 하는데 있어서는 수학의 방정식은 아니라 해도 반드시 지켜져야만 되는 것들이 있다.

우리가 사랑을 한다는 것은 사랑의 감정이 찾아든 느낌의 세계 뿐만이 아니라 행하는 것이기에 사랑한다는 감정과 혼돈이 있어선 안 된다.

사랑의 감정이 있다고 사랑을 할 수 있는 것이 아니다.

사랑을 하려면 순수하여야 한다.

산 정상에서 발견하는 샘물처럼 나 자신이 맑아져야 참 사랑을 할 수가 있다.

순수란 무엇인가?

국어사전의 말 대로 라면 아무것도 섞이지 않은 것을 말함이다.

그러나 사람들은 이 간단한 낱말의 뜻을 진실로 이해하고 헤아리는 듯 수없이 머리를 조아리지만 순수해 지지도 행하지도 잘 못한다.

그것은 우리의 삶의 바탕이 혼탁하기 때문이다.

우리가 맑아지면 세상 모든 것이 투명해지고 투명한 만큼 맑고 아름다운 그림이 보이게 된다.

그렇게 보이는 것만을 사랑하라!

그 아름다운 대상을 순수로 사랑할 때 참 사랑을 하게 되는 것이다.

그러나 불행하게도 보이지 않는 곳까지도 들추어 보기를 원한
다면 그것은 추악한 속물근성이며 이미 사랑은 존재하지 않게
된다.

왜냐면 사랑은 사랑을 하는 것이지 어떤 경우에도 규명이나 확
인을 구하는 것이 아니기 때문이다.

보이지 않는 것에 확인을 구하다 보면 사랑의 본질이 퇴색됨은
물론 자기류의 해석이 자칫 무서운 오해를 낳을 수도 있기 때
문이다.

순수에 세계란 의문부호가 없다.

처음 사랑을 느낄 수 있도록 보여 진 것 그것만을 순수로 사랑
하라!

그 사랑을 하기에도 참 사랑은 너무도 힘들다.

사랑하는 마음

(Ⅲ)

어느 유행가 가사에 '사랑은 아무나 하나?' 란 말을 얼핏 들은 기억이 납니다.

그 노래를 부르는 가수가 이젠 꽤나 나이가 들었다고 생각되는 데도 노래를 부르며 하는 몸짓이나 표정 옷차림들이 솔직히 좀 민망스러워 나도 모르게 TV를 끄는 바람에 그 뒷말을 알 수가 없습니다.

그러나 지금 생각해보면 사람들에게 입만 열면 고정관념의 틀을 깨고 나와야 한다면서도 나 역시 그 틀을 완전히 벗어나 있지 못한 것에 놀라움과 부끄러움이 피식 멋쩍은 웃음을 흘리게 합니다.

그러나 한편 좀 더 냉철히 생각해보면 고정 관념의 문제만은 아닌 것 같습니다.

사실 이젠 우리의 대중문화, 대중예술도 좀 새로운 옷으로 바꾸어 입어야 할 때가 아닌가 하는 생각이 듭니다.

대중 예술은 그런 것이란 생각이 아니 그렇게 단정 짓듯 생각하고 묵인한 채 인정해 버리는 자세가 바로 고정관념이 아닌가 하는 생각입니다.

여하튼 좋습니다.

지금 내가 말하려는 것은 대중문화 예술의 이야기가 아닙니다.
고정관념의 이야기도 아닙니다.

'사랑은 아무나 하나?'
사랑은 아무나 하는 것입니다.

왜냐면 사랑은 인간이 가지고 있는 최고의 본성이기 때문입니다.

그런데 인간 최고의 본성인 사랑을 잘못 이해하여 왜곡하거나
변질시켜선 안 된다는 것입니다.

사랑은 자연 현상입니다.

자연(自然)이라고 하면 우리가 흔하게 사용하고 듣기도 하는
말입니다.

그러나 자연이란 말은 흔히 생각하는 것처럼 숲이 우거진 생태
계를 말하는 것만이 아닙니다.

본래 자연(自然)이란 말은 있는 그대로 거기 있다는 뜻에서 비롯된 말입니다.

그러니까 우리 사랑이란 것은 인간 최고의 본성이 어느 날 나

도 모르게 내 몸 구석구석까지 스며들어 어떤 방법으로도 제어

가 될 수 없게 열병으로 뒤흔들어 놓는 상태인 것입니다.

이것이 사랑이고 자연현상인 것입니다.

그런데 사람들은 자꾸만 사랑에 토를 달려고 합니다.

무슨 이유도 그리 많습니다.

그래서 사랑을 사랑으로 받아들이지 못하고 사랑이 아닌 사랑

을 배우게 됩니다.

사랑은 고층건물을 지을 때 마냥 디테일 한 구도나 합의가 있

을 수 없습니다.

있다면 그것은 이미 사랑이 아닙니다.

사랑은 자연이며 순수이어야 합니다.

순수한 사랑이란 말 하자면 아무런 염료도 물들지 않은 원래대로의 마음이 분출하는 사랑의 마음을 일컫는 것입니다.

우리는 흔히 자연의 이치, 자연의 섭리를 말합니다.

우리가 의도적으로 또는 인위적으로 하지 않아도 스스로 저 갈 곳 자리할 곳에 찾아가는 것 그것이 자연의 이치이며 섭리인 것입니다.

그러기에 사랑이 찾아들면 사랑을 하여야 합니다.
그리고 아름다운 사랑을 하여야 합니다.
어떠한 힘도 그 사랑의 마음을 막을 길이 없다는 것을 알아야 합니다.

사랑은 그 무엇보다 위대하며, 그 무엇보다 아름답습니다.

또 신이 있어 우리 인간에게 사랑을 선물로 주었다면 그것은
단호히 말하건대 신이 준 선물 중 가장 큰 축복일 것입니다.

여러분 사랑하십시오.

사랑에 대하여(IV)

인간이 할 수 있는 행위 중 아마도 사랑만큼 가슴 설레이고 행복하며 아름다운 것은 없을 것입니다.

사랑, 듣기만 해도 우리 모두의 심장은 뜀박질을 합니다.

사랑은 세상 무엇보다도 아름답습니다.

꽃이 제아무리 아름답다 한들 어찌 비유가 되겠습니까?

다이아몬드가 제아무리 오색영롱한 빛을 발한다 해도 어찌 사랑의 빛깔과 비유가 되겠습니까?

세상에 사랑이란 단어만큼 아름다운 언어가 또 어디 있겠습니까?

그럼에도 오늘 우리는 이상한 사랑 잘못 이해된 사랑에 젖어 있는 것 아닌가 하는 생각이 듭니다.

마치 연속극이나 유행가 가사를 위해 있어지는 단어가 아닌가 하는 착각에 자칫 서글픈 심정이 되기도 합니다.

사람들은 또 사랑이란 말 뱉으면 곧장 어떤 행위나 결론을 구하여야 한다는 성급함에 젖어 있는 것 같습니다.

아니 그런 것이 사랑이라 믿는 것 같습니다.

그런 생각이 의심 없이 받아지게 된 이유에는 초를 다투며 변화하는 물질문명의 너무도 빠른 변화의 영향이기도 한 것 같습니다.

잠시만 한눈 돌리고 나면 그사이 변화된 낯선 물질문화에 접하게 됩니다.

오늘의 과학이 이처럼 잠시간의 한눈 돌릴 틈도 주지 않는다는 것입니다.

그러니 좋은 책 읽을 여유를 찾기가 어렵다는 이야기가 됩니다.
여간 마음을 다잡아먹지 않으면 책 읽기가 어렵다는 것입니다.

좋은 글을 읽는다는 것은 에스프리의 영역에 거름을 주어 그
영토를 기름지게 하는 것입니다.
황폐한 토대에서 입 푸른 나무가 자랄 수 없다는 것은 너무도
자명한 일입니다.
그처럼 황폐한 정신영역에서 참 사랑이 움틀 수가 없음도 자명
한 일일 것입니다.

지금 우리가 살고 있는 세계는 백 미터를 전력질주 달려온 단거
리 육상선수처럼 호흡이 격하고 가쁜 쉼을 쉬는 것 같습니다.
그러니까 여유가 없습니다.
무엇이던 빨라야 합니다.

사랑을 포함해 모든 것이 빠른 결론이 요구되는 세상인 것 같

습니다.

이런 세상에 여유로움은 낭만이 아니라 무능으로 치부되기 십
상입니다
그래서 세상의 많은 사랑이 쫓기듯 속도를 부치고, 느끼는 음

미의 사랑이 없는 것 같습니다.

그 이유는 지극히 단순한 것에 기인한다고 봅니다.
이유는 혼돈이란 것입니다.

급변하는 과학이나 물질문명 속에 우리의 고귀한 사랑을 함께
믹서 해선 안 되는 것을 착각한 혼돈인 것입니다.
사랑은 입이나 머리로 하는 것이 아닙니다.

가슴으로 하는 것입니다.

가슴과 가슴이 전달하는 것이 사랑입니다.
사랑하니까 꼭 가까이 있어야 하고 육체적 관계를 하여야 하
고, 이런 것만이 사랑이라 하는 것이 아닙니다.

만약 육체적 사랑이 목적이 된다면 그것은 우리가 육안으론 도

저히 식별되지 않아 현미경으로나 볼 수 있는 지극히 미세한 미생물에게도 있어지는 짝짓기에 불과하며 전체 생물계가 갖는 생리적 현상에 불과한 것입니다.

사랑은 인간만이 행할 수 있는 이 세상 무엇에 비할 수 없는 고귀한 것입니다.
다시 말하지만 사랑은 가슴으로 하는 것입니다.

우리가 높은 산 정상 가까이에서 보게 되는 샘물은 무심코 갈증을 달래기 위해 마시지만, 그 높은 산 어디에 물이 있어 샘이 되었는지 한 번쯤 생각해 보았는지요
그 물은 깊이를 측정키 어려운 수천 미터 깊고 깊은 지하에서 겹겹이 쌓여 있는 장애물을 뚫고 때로는 단단하기 이를 데 없는 암반마저도 조금씩 조금씩 뚫고 올라와 모여진 것이 샘물입니다.
그래서 수많은 단계의 정수를 거친 샘물, 수정같이 맑은 샘물

이 된 것입니다.

사랑은 바로 우리의 가슴 저 안쪽에서 샘물처럼 솟아난 마음의
결정체인 것입니다.

그런 사랑을 유행가 가사 부르듯 쉽게 지껄이듯 할 수는 없겠
지요.
사랑엔 바라보는 미학이 있습니다.
아니 바라볼 줄도 알아야 합니다.
한 발자국 물러나 사랑의 대상을 바라본다면 언제고 잔잔한 미
소가 있을 것입니다
그윽한 향이 언제든 피어오를 것입니다.

욕심내어 몸으로 가까이 다가서는 대신 바라보는 사랑을 할 줄
알아야 합니다.
그때 사랑은 가슴에 담가지며 가슴속에 영원히 살아 숨 쉬는

사랑으로 남게 될 것입니다.

우리는 그것을 사랑의 미학이라 말합니다.

III

2004
박민리몸

우체국 낭만

내가 살고 있는 곳에는 멀지 않은 거리에 우체국이 있다.

이곳에서 산 지가 제법 되었음에도 나는 그곳에 우체국이 있는 지 알지도 못했지만, 사실은 관심도 없었다는 것이 솔직한 표현일 것이다.

호주머니 속에 손을 넣으면 손안으로 쏘옥 들어오는 이동통신이 있는 세상.

꼭 문자화해야 할 메시지가 있다면 인터넷을 통한 이메일이 있는 세상.

단 몇 초면 세계 어디든 원하는 곳에 전달되는 세상에서 힘들게 우체국을 찾아가 우표를 붙이는 번거로움이 없는 간편한 이기에 어느 사이 길들여진 나는 아니 우리는 우체국을 까맣게 잊어버리고 있었는지 모른다.

아주 오래전 이십여 년도 더 거슬러 올라간 시절에 어느 한적한 시골에 낚시라도 떠났다가 급하게 서울로 전화를 해야 할 사정이 있으면 사람들에게 물어물어 시골의 조그만 우체국을 찾아가야만 했었다.

우체국 직원에게 시외전화를 신청하고 잠시 기다리다 보면 직원이 일러주는 전화 BOX에 들어가 다이얼이 없는 소위 시커먼 색의 먹통전화로 통화를 했다.

뿐만이 아니다. 웬만한 집에는 전화가 지금처럼 흔치 않던 시절이니 급한 연락을 해야 할 일이면 어김없이 우체국을 찾아가 전보를 쳐야만 했다.

그런 모든 것들을 우리는 잊어버린 세상에 살고 있다.

그런 어느 날 나는 등기 우편물을 부쳐야 할 일이 생겨 그토록 까맣게 잊어버리고 있던 우체국을 찾게 되었다.

기이한 것은 그때 잃어버리고 있던 어느 시절의 낭만을 되새기게 되었다.

사랑하는 여인에게 보낼 편지를 쓰기 위해 책상 서랍에서 원고지를 꺼내 굵은 펜으로 그 유명한 나의 악필로 원고지의 한 칸 한 칸을 메꾸어 가며 진실로 나는 흥분으로 들떠 있곤 했으며 우체국을 찾아가기 전날 밤은 알지 못하게 찾아드는 설렘으로 밤을 지새웠었다.

아, 참으로 나는 잊고 있던 낭만을 먹고 있었다.

우체국 밀문을 열고 들어가 누우런 색깔의 크고 두툼한 봉투를 여직원에게 내어 밀고 앉은뱅이저울에 무게를 다는 동안 알지 못하게 찾아드는 긴장감.

우표가 붙여지고 탕탕 소인을 찍는 소리.

사각사각 먹지를 대고 등기우편물 영수증을 쓰는 여직원 책상
엔 어김없이 컴퓨터가 있어도 등기우편을 부치는 과정은 오래
전 그때나 마찬가지였다.

곱상스레 눈 내리깔고 볼펜을 꼭꼭 눌러쓰는 여직원, 그 위로
오버랩 된 그 여인의 배시시 웃음 진 환영을 보며 잠시 알지
못할 미소를 흘려 본다.

그래 아무렴 어떠랴 그 시간 나는 또 낭만을 먹고 있는데…….

피카소와 큐비즘에서의 작은 에피소드

이 이야기는 피카소의 많은 일화 중 한 토막 에피소드이다.

대부분의 사람들이 이미 알고 있는 바와 같이 '피카소'는 스페인 바르셀로나에서 19세에 나이로 프랑스 파리로 건너왔다.

그때 피카소의 의지는 우리가 아는 것보다는 훨씬 비장하였던 것 같다.

정말 실탄이 발사될 수 있는지는 모르나 피스톨(권총) 한 정을
가슴에 품고 파리행을 하였으니까 말이다.

물론 자신이 생각하는 만큼의 화가가 되지 못하면 스스로 자신
의 생을 정리하겠다는 의지가 담긴 뜻이었을 것이다.
그가 정착한 곳은 몽마르트르 언덕 가난한 예술가 거리 한곳에
낡은 이 층 목조건물이었다.

오르고 내릴 때마다 삐거덕삐거덕 울음소리를 내는 계단과 겨
우 사다 놓은 바게트(빵)는 단골손님인 쥐와 나눠 먹는 생활이
었다.
그럼에도 그의 눈빛이 말하듯 작품을 향해 활활 타오르는 열정
으로 보내던 세월이었다.

당시 그에겐 '브라크' '블라맹크' 등 많은 화우들과 어울렸으
나 대부분 혼자서 그의 궁핍이 더덕이처럼 붙은 방에서 작품에

몰두하였다.

그런 어느 날 결국 일을 치르고야 말았다.

아니, 현대미술사에 새로운 역사를 기록하는 사건이 일어난 것
이다.

〈 그것은 '큐비즘'(cubism)즉 입체파의 탄생이었다. 〉

큐비즘 최초에 작품으로 기록되는 〈아비뇽의 처녀들〉 일명 〈
거울 속을 들여다보는 여인〉 이 탄생 한 것이다.

너무도 흥분한 '피카소'는 전기했듯 그때까지 가지고 있던 권
총을 꺼내 천정을 향해 몇 발이고 괴성을 지르며 쏘아댔다.

자정이 넘은 시간에 총소리에 놀란 주변이 잠옷 바람으로 혹은

제대로 옷을 걸칠 사이 없이 뛰어나와 놀란 닭 새끼의 눈을 한 것은 당연했다.

평소에 머리숱이 적고 머리통만 큰데다가 타조 같은 눈만 유난히 반짝이던 그가 자정을 넘은 시각에 총질을 해대니 누군들 그가 발작을 일으킨 것으로 생각하지 않겠는가…….

누군가가 재빨리 신고를 하고 드디어는 사이렌 소리가 요란히 울리며 무장한 경찰들이 긴장한 모습으로 들이닥쳤다.

"몇 명의 경찰이 일제히 '피카소'를 향해 총을 겨누고 한 경관이 피카소에 총을 뺏는다.
다음은 그를 포박하고 물건을 처박듯 차 뒷자리에 밀어 넣은 후 사이렌 소리도 요란히 경찰서로 연행한다."

그러나 이 이야기는 만약 피카소가 한국인이고 우리나라에서 있어진 일이라면 이렇게 되었을 것이 너무도 자명 하다는 것을

2003. 비밀의방

상기시키기 위해 쓴 것일 뿐이다.

내가 이 글을 쓰는 것은 이제부터의 마무리 전개를 말하려 함
이다.

경찰에 의해 '피카소'는 권총을 압수당하고 간단한 현장 조사
를 받게 되었다.

경찰들 중 선임자인 듯한 경관은 방안을 한번 둘러본다.
방이랄 것도 없는 방은 피카소가 그리던 크고 작은 그림들과
쓸 만한 것이라곤 하나도 보이지 않는 잡동사니들로 어지럽게
널려진 것들을 보며 '피카소'가 하잘것없고 몽마르트르 거리
에 수도 없이 많은 가난뱅이 그림쟁이 중 하나 임을 알 수 있
었다.

경관이 묻는다. 〈도대체 이 새벽에 총은 무엇 때문에 쏜 것이

요? 〉

‘피카소’는 그때까지 흥분과 감동이 꿈처럼 가시지 않은 몽롱
한 눈빛을 하고 흐르는 미소를 멈추지 못한 채 대답한다.

〈 큐비즘, 큐비즘이 완성되었소! 〉

경관은 ‘피카소’의 말에 의아한 듯 다시 방안을 둘러본다. 그
리고 오일페인팅 냄새가 코끝으로 들어오는 그림을 한동안 들
여다보며 잠시 괴로운 고민에 빠져들었다.
〈큐비즘? 큐비즘이 도대체 뭐지? 〉

얼마 뒤 경관이 ‘피카소’에게 말한다.

〈나는 예술을 모르니 잘은 모르겠지만, 당신이 총을 쏘아야 할
만큼 흥분할 뭔가가 탄생한 것도 같습니다. 그렇다고 이런 시

간에 총을 쏘는 것은 잘못입니다. 또다시 위대한 탄생을 생각해 이 총은 우리가 보관 하여야 겠소. 〉

그리고 경관은 올 때와는 달리 사이렌을 울리지 않고 조용히 떠나갔다.

이것이 유명한 피카소의 입체파 사건이다.

이 시간 여러분은 거울 속을 들여다보며 한번 조용히 웃어보라! 과연 어떤 미소가 거울 속에서 당신을 맞이하는가…….

죽음을
생각하라

〈 **나**는 생각한다. 고로 나는 존재한다. 〉 이 말을 들으면 누구나 근대 철학의 아버지라 불리는 프랑스의 철학자 · 수학자 · 물리학자 '르네 데카르트'를 떠올릴 것입니다.

'데카르트'가 말하였습니다.

〈 항상 죽음을 생각하라! 〉

우리 인간은 죽음을 잊어버리고 삽니다.

내일을 모르는 존재 이면서 무한의 삶을 살고 있습니다. 우리 모두가 지독한 건망증 환자이기 때문일까요?

입으로는 나이가 들어 죽고 병들어 죽고 자연의 이치는 죽을

수밖에 없다면서도 우리는 죽음을 잊고 있습니다.

우리가 내일 죽는다고 가정해 보십시오.

그렇다면 오늘의 시간은 일 분 일 초가 얼마나 귀하고 소중하

겠습니까?

내일 죽는데 무슨 핑계를 달고 토를 달며 게으름을 필수가 있

겠습니까?

그 절박한 시간에 우리의 삶은 결국 유한 적 삶이 될 수밖에는

없을 것입니다.

그렇습니다.

우리는 유한 적 삶을 살아야 합니다.

달력의 한 장 한 장을 떼어져 내는 것을 느끼는 것처럼 우리의

생명도 시간과 함께 매시간 조금씩 소멸되어 간다는 것을 느끼

며 살아야 합니다.

그래야만 지금의 시간이 그리고 우리의 생명이 얼마나 소중하고 귀하다는 것을 느끼며 살게 될 것이기 때문입니다.

지금 우리는 손안에든 작은 핸드폰 하나로 인터넷이 되고 손가락을 까닥일 때마다 전 세계가 정보를 공유하는 시대에 살고 있습니다.

얼마나 무서운 속도의 시간 속에 우리가 살고 있는가 하는 것을 깨달아야 합니다.

그러니까 오늘의 시간은 과거의 시간이 아닙니다.

과거의 시간과는 비유가 될 수 없게 길어진 시간이 되어 있습니다.

과거 편지를 통해 몇 날 며칠을 걸려야 전할 수 있던 먼 외국과의 소식도 단 몇 초 만에 이루어지는 세상에 살고 있다는 것입니다.

그러니 우리가 활동하는 범위도 넓어지고 생명의 시간 또한 길
어졌다는 이야기가 됩니다.

이처럼 행운스런 시대에 삶이 자칫 착각으로 인해 무한적 삶이
된다면 우리에게 한껏 게으름을 피울 수 있는 조건이 되기 십
상입니다.

하지만 분명한 것은 우리의 생명은 유한 적일 수밖에 없다는
것입니다.

다만, 우리들 대부분이 건망증 환자처럼 유한의 삶을 잊어버리
고 산다는 것입니다.

내가 죽고 없다는 것은 세상도 그 무엇도 모두 없다는 것입니
다.

살아 있는 시간만이 듣고 보고 느낄 수 있습니다.

우리는 살아 있을 때 하고 싶은 것을 할 수가 있습니다.

내가 하고 싶은 것에 나를 던지고 내 전부를 불사를 수 있는

인생 그것이야말로 참 행복한 삶일 것입니다.

〈 항상 죽음을 생각하라! 〉

가난한 자의 몽상

아마, 그런 밤이 나를 기다려 주리라.

어느 고도(古都)의 한구석에서 조용히 술잔을 들고,

더욱 즐겁게 죽어갈

그러니까 난 끈기 있게 살아야지!

내 불행이 좀 가셔지고

언젠가 돈이 좀 생기면

북쪽 나라에 가볼까?

아니면 포도열매가 풍성한 나라에?

-아아! 몽상하는 건 덧없는 것이지.

그러니까 그것은 순수한 상실이지.

비록 내가 다시 한 번

옛날의 여행자가 될지라도

풀빛 여관이 내 앞에 나타나 활짝

맞이해 주리라고 생각지 않는다.

지은이: A. 랭보

흔히 보들레르와 상징주의[象徵主義, symbolism]로 불리우는 아르튀르 랭보는 19세기 말에서 20세기 초에 일어난 문학 운동에서 대표적 인물이라 할 수 있다.

이 시기에 발표된 랭보의 "지옥의 계절"로 인해 자유시가 탄생되었으며 그 이후 프랑스 문단은 정형을 채용하는 자와 자유시 형태를 채용하는 자, 두 갈래로 나뉘었다.

오늘날 우리들 곁에 남아있는 그의 작품들은 초기 습작
에서, 15~20세까지 쓰여진 작품들이다.
그러나 이 조숙한 천재의 인생그림자는 매우 어둡고 침울
하다.

어릴 때 집을 버리고 떠난 아버지, 그로 인해 독실한 가톨릭
신자인 어머니 밑에서 엄한 교육을 받았다.
그는 이시기 세 번이나 가출을 하기도 했다.
하지만 정작 슬픈 것은 이 조숙한 천재의 작품은 겨우 15세에
서 20세까지 쓰여진 것이 전부이며 이후 점차 문학의 흥미를
잃고 방황하다가 결국 문학을 단념하고 유럽 각지를 유랑하던
중 아프리카로 건너가 상인 대상들과 떠돌다가 다리에 종기가
덧나 프랑스 마르세유 병원에서 한쪽 다리를 자르고 몇 달 후
37세를 일기로 그의 짧은 생을 마감한다.

아이러니일까? 상징주의 문학 운동도 랭보의 짧은 생애만큼이나 짧게 겨우 15년의 운동으로 끝이 났다.

그러나 조숙한 천재시인 '랭보'의 영향은 상징주의(symbolism)와 초현실주의(surrealism)을 뚫어 현대시에도 파급하며 지금까지도 현존하고 있다.

천재란 단지 뛰어난 재능을 타고난 사람이 아니다.

천재란 각고의 노력을 할 수 있는 존재이다.

단순히 성실한 정도를 넘어서 미칠 정도로 노력을 하여야 한다.

'랭보'가 그랬다.

어린 시절부터 '랭보'는 마치 글자를 먹는 염소와 같았다.

라틴어 고전과 프랑스 현대문학 작품을 읽고 또 읽고 그 뼛속까지 외우기를 거듭 했다.

그 결과 그는 자연스럽게 시인이 되었다.

내가 이 글을 올린 이유는 우리 젊은이들이 이처럼 각고의 노력을 할 줄 아는 천재가 되었으면 하는 뜻에서다.

두 여인에 대한
회상과 아픔

나는 좀처럼 견디기 어려운 심상의 늪에서 헤어나기 위해 허우적대듯 안간힘 했지만 그럴수록 무언가 거대한 힘이 있어서 나를 그 깊은 고뇌의 늪 밑바닥으로 끌어내리는 듯한 기분이었다.

그 기묘한 심리적 갈등은 간단히 설명할 수가 없었다.

그토록 오랫동안 세상과 높은 담을 쌓고 인간관계마저 단절하고 오로지 나 혼자만의 성벽 속에서 작품 창작에만 매달려 살아왔다고 생각하였다.

그러나 세상은 혼자일 수가 없는 것인지 예기치 않았던 한 인간으로 인한 상처와 수많은 갈등은 여간해서 떨치기가 힘이 들었다.

그리고 찾아드는 고통은 언제까지나 짊어지고 있어야 하는 것 같은 형벌처럼 느껴졌다.

나는 그 고통으로부터 탈출하기 위해 참으로 절박한 심정이 되어 있었다.

그러나 깊은숨을 몰아쉬듯 더욱 깊이 그 아픔 속에 젖어드는 나를 보게 될 뿐이었다.

나는 뜻 없이 거리를 배회하였다.
그런 어느 날 나는 어느 길목에서 오래전부터 생각하고 있었던 것처럼 걸음을 멈추었다.

연전에 아주 예쁜 두 여인이 목을 매는 듯 한사코 매어달리는
바람에 어쩌는 수 없이 순수 미술을 하는 내가 '카페'식 커피
하우스의 인테리어를 디자인해주고 본의 아니게 공사 감독도
해줄 수밖엔 없었다.

나는 집을 나와 서울이 아닌 이곳 낯선 도시에서의 생활에서
한동안 유일하게 찾아가 편히 머물며 쉴 수가 있었던 곳이기도
했다.

내가 걸음을 멈춘 곳은 그곳이 얼마 떨어져 있지 않는 곳에 길
목이었던 것이다.

아마도 초봄의 문턱에서부터 가을인 지금까지 발걸음을 못했
으니 반년은 더 된 듯싶었다.

밤머리옹

나는 잠시 망설였다.

〈들려볼까? 〉 갈등이 있었다.

무슨 커다란 이유가 있어서 그동안 발길을 끊었던 것은 아니었다.

내가 그곳을 찾으면 그 예쁜 두 여인이 약속이나 했던 듯 밝은
미소와 함께 맞이해 주는 것은 물론이고 커피(내게 주는 커피
는 파는 것과는 다른)뿐 아니라 먹는 것 그리고 나올 땐 매번
질 좋은 커피를 직접 갈아서 정성스런 포장과 함께 주곤 했다.
그 '카페' 의 이름도 내가 지어준 이름 이였다.

그곳에 두 여인은 서로 상반된 이미지와 분위기를 하고 있었다.
한 여인은 조선 시대 미인처럼 오밀조밀하게 예쁜 얼굴과 다소
곳한 몸짓을 하고 있었지만 내심 당차고 결단력이 있었다.
또 한 여인은 서구적이고 활달한 웃음이 있는 소녀적인 얼굴과
몸매를 지녔지만, 내성적이고 매사가 수동적이 이었다.

이렇게 그들은 상반될 뿐 아니라 그들 자신도 두 개의 모습을 지니고 있었다.

뿐만이 아니다.
내 생애 처음으로 그림을 그들에게 주었다.

두 여인을 그린 것이다.
그들은 그 그림을 홀 중앙에 걸어 놓고 하루에도 몇 번씩 바라보며 마냥 감상에 빠져들었다
그 모습이 예뻤다.

아마도 내가 그림을 팔거나 주는 것은 그것이 처음이자 마지막이라고 확신한다.

두 여인은 그런 장사를 할 사람들이 못되었다.

손님이 오면 한번 차를 주고는 나갈 때까지 몇 시간이고 한 번
도 챙기지를 못한다.

차 한 잔 마시고 몇 시간을 뭉개고 있어도 개의치 않았다.
둘은 무슨 약속이나 한 것처럼 열심히 책을 읽을 뿐이다.
아니면 둘이 이야기하며 무슨 재미난 사연이 그리도 많은 것인
지 마냥 깔깔대며 소녀처럼 웃는다.

그러니까 주머니 가벼운 연인들에겐 더없이 좋은 장소이겠지
만 손님이 많이 몰려오는 피크타임 에는 그 뭉개는 친구들 때
문에 새 손님을 맞을 자리가 없는 것이다.

그 시간을 기다리는 장사인데 말이다.

그런 그들이 어느 때 부턴가 늦은 시간 찾아온 손님들이 권하
는 각테일을 한 잔씩 받아 마시게 되었다.

처음엔 끈질긴 권유에 어쩔 수 없이 받아 마시다가 그것이 단순하게 커피를 팔아서 챙기는 수입보다는 훨씬 높은 것이라는 것을 깨닫게 되었던지 술판을 벌이고 앉아 있는 시간이 늘어나게 되었다.

어느 때부터 그런 장면을 목격하게 된 내 가슴이 왜 그렇게나 슬프고 아파졌는지…….
나는 어느 순간 〈 보지 말기로 하자! 〉 하는 생각을 하게 되었다.
그때부터였다.
내가 그곳을 가지 않게 된 것이…….

한두 달쯤 지나서였다.

그동안 수없이 전화가 와도 작업을 핑계로 가지를 않았던 터였는데, 상당히 늦은 시간이 이었다.

삐익 문자 메시지가 왔음을 알리는 핸드폰 기계음
소리에 도대체가 기계를 다루는 솜씨는 한심한 내
가 한참을 여기저기를 눌러 대다가 겨우 두 여인에
게서 보내온 메시지를 읽을 수 있었다.

너무나 애절한 내용이 이었다.
내 심장의 맥박이 빨라지며 마음이 흔들려 왔다.

얼마 뒤 나는 전화를 했다. 내가 〈여보세요〉 했을
때 흐느끼는 듯한 울음소리가 들려왔다.
그렇게 생각이 되었다.

그때 나는 조금은 당혹감에 〈여보세요. 여보세요. 〉
하고 몇 번 반복하다가 대답을 못하고 있는 두 여인
에게 차를 몰아 달려갔다.

새벽 2시가 다 된 시간 이였으므로 문은 닫혀져 있었다.

내가 뒷문을 통해 안으로 들어서자 둘은 거의 동시에 내게 달려와 팔을 끼며 매어 달리듯 했다.

술 냄새가 함께 매어 달렸다

자리에 앉자 둘은 계속된 작업 때문에 까칠한 수염이 제법 수북하게 자란 턱수염과 그런 분위기로 인해 창백하고 수척해 보이는 나를 바라보며 약속이나 한 듯 눈가의 물기를 닦았다.

〈선생님 우리 모습 추해졌죠? 〉

〈선생님은 그래도 우릴 예뻐해 줘야 해요 그냥 모든 거 이해해 주셔야 된다구요…….〉

어느 사이 제법 술꾼처럼 혀 꼬부라진 소리를 내며 응석 비슷이 말했지만, 그들 눈에는 눈물이 길을 내어 뺨으로 흘러내렸다.

새벽 4시가 다 된 시간에 우린 그곳을 나왔다.
어느 사이 하얀 눈이 많이도 내려서 세상이 온통 하얀색으로
변해 있었다.

지금도 기억에 생생하게 남는 말 〈장사……. 정말 힘드네요. 〉

그 후론 정말 지독한 마음으로 다시는 그곳을 가지 않았다.

그러니까 내가 망설임과 갈등을 느꼈던 것은 어쩌면 당연한 것
인지 몰랐다.
그러나 우습게도 나는 결국 두 여인의 가계로 걸음을 옮기고
있었다.

그런데……. 그런데…….

가계 문이……. 셔터가 완전히 내려져 있는 것이었다.

한참을 서성이다가 경비실에 물어보았더니 두 달 전에 문을 닫
았다는 것이다.
장사가 안되어 팔려고 내놓았지만 적당한 임자도 없어서 보증
금만 받고 나갔다는 것이다.

한 일 년도 안되어 인테리어 경비와 권리금을 합쳐 일억 가까
이 까먹은 셈이 이었다.

그곳을 빠져나오는 길엔 가을이 없었다.
차가운 바람만 불어대는 그리고 잔뜩 흐린 날씨가 어느 을씨년
스럽던 겨울을 연상케 했다.

나는 어느 때부턴가 코트 깃을 올려세우고 바쁜 듯 걸었다.

그러나 나의 걸음걸이는 팔십 노인처럼 힘이 없었다.

무릎 관절이 아파 심하게 통증이 찾아든 노인처럼 더는 걸을

수가 없었다.

두 여인에 대한 아픔과 슬픔이 한꺼번에 가슴 안쪽 저 깊은 곳

으로부터 밀고 올라와 코끝이 찡긋거려 더는 걷기가 힘들었다.

장사는 아무나 하는 것이 못 되는 것 같다.

나는 또 한동안 이 아픔을 떨치는데 꽤는 시간을 보내야 할 것

같다.

아름다움

우리가 아름답다고 함은 어떤 것을 일컫는 말일까?

각종 미인대회에서 선발되는 여인들의 아름다움을 일컫는 말일까?

아니면 성형 수술을 하더라도 예쁘게만 보이면 그것을 아름답다고 하는 것일까?

아니다.

아름답다는 것은 그런 것을 가리키는 말이 아니다.

진정한 의미의 아름다움이란 그런 말이 아니다.

인생에서 아름다움이란 젊음이 지니는 아름다움이 있다.

젊음이란 젊음 자체로 아름답다.

아무런 꾸밈이 없어도 아름다운 것이다.

그러나 이 천연의 아름다움도 시한의 아름다움이다.

왜냐면 전자나 후자나 모두가 시간이 지나면 사라질 수밖에 없

는 아름다움이기 때문이다.

시간이 더하면 그 더 한만큼 나이를 먹고 늙을 수밖에 없는 것

이 인간이고 자연의 이치다.

피부는 까칠해지고 윤기도 사라지고 없으며 주름살밖에는 남는 것이 없는 것 그것이 우리 인생이다.

거기에 무슨 풋풋한 아름다움이 존재하겠는가 오직 늙음에 대한 비애만 있을 것이다.
우리가 보이는 면만을 추구하는 기준의 아름다움이란 결국 이런 결과밖에 없다.

참 아름다움, 나이가 들어도 변치 않고 퇴색하지 않는 아름다움은 정신의 질에 있음을 알아야 한다.

정신의 질이 높으면 아무런 꾸밈이 없어도, 그리고 나이가 들어도 질 높은 정신의 세계에서 스며 나오는 참 아름다움이 있게 된다.

그윽이 풍겨 나오는 향과도 같은 아름다움, 그 아름다움이야말

로 어떤 인조미도 흉내 낼 수 없으며 또 시간이 주는 나이와도

관계없이 아름다울 수 있는 참 아름다움인 것이다.

인생은
아름다워

정말 오래간만에 CD로 영화 한 편을 보았습니다.
뜻하지 않은 병마로 아무것도 할 수 없었던 그간의 나로선 실로 꿀물로 갈증을 달래듯 달고 즐거운 시간 이었습니다.

"부에나 비스타 소셜 클럽"(Buena Vista Social Club)

다큐멘터리 형식의 이 영화는 드라마가 아닙니다.
스토리도 없습니다.

그리고 그 흔하게 사용하는 ‘사랑’ 이란 대사 한마디 없습니다.

어찌 보면 뮤직 비디오의 그것도 앞뒤 모두가 잘려나간 테이프를 이어 놓은 듯한 영화입니다.

그러나 영화를 보는 내내 묻어나듯 펼쳐지는 조금은 어둡지만, 쿠바의 해변과 도시의 전경이 아름답게 펼쳐지는 가운데 감미로운 쿠바 음악의 선율이 물처럼 흘러 우리의 가슴을 적시게 합니다.

내용을 짧게 간추려 본다면…….
지금은 꽤 유명한 뮤지션이 된 ‘라이’ 에게 한 음반 계획자로부터 뜻밖에 제안을 받게 됩니다.

그것은 ‘라이’ 가 어릴 적 너무나 좋은 나머지 미치도록 즐겨듣던 쿠바 음악을 새롭게 편성하여 음반으로 만들자는 것이었습니다.

사실 '라이'의 소년 시절은 쿠바 음악에 대한 매료가 아니라 거의 미쳐 있던 시기였습니다.

그러나 당시엔 자신이 미치도록 그렇게 즐겨듣는 음악이 정작 누가 작곡하고 누가 불렀는지조차 모르는 채 라틴 음악 특유의 매혹적인 선율에 빠져 있던 시기였습니다.

'라이'는 그때까지 자신의 내면에 깊이 잠재해 있던 음악의 고향 쿠바 음악의 향수를 느끼며 쿠바로 날아갑니다.

그러나 젊은 시절 '라이'에게 꿈과 음악의 세계를 열어준 주인공들은 쿠바에서조차 이미 오래전 잊혀 진 인물들이 되어 있었습니다.

10년 혹은 그 이상의 세월 저 속에 묻혀있는 인물이 되어 있었던 것입니다.

하지만 '라이'는 포기하지 않고 두 번 세 번 쿠바를 찾으며 끈질긴 추적 끝에 결국 그들을 찾아내는 데 성공합니다.
개중엔 죽었다는 소문이던 사람, 노환과 관절염으로 더는 피아노를 칠 수 없게 되었다던 사람들을 찾아낸 것입니다.

그리고 이미 팔십 세가 넘고 혹자는 구십 세가 넘은 노인들에게 연주와 노래의 장을 열게 합니다.
평상시에는 부축을 받으며 일어나고 어기적거리며 걷던 노인들, 한사코 노래 부르기와 연주하기를 거부하지만 라이의 집요하고 끈질긴 노력과 요청 끝에 그들이 연주하고 노래를 부를 때 보여주는 열정의 모습, 그것은 전혀 예측할 수 없던 생기와 힘의 모습이며 참 행복의 모습이 아닐 수 없습니다.

팔십 구십을 넘어선 노인들이 녹음을 하기 위해 몇 번씩이나 고된 리허설을 하고 또 하고 연주하며 노래하는 모습을 보며 나는 어느 사이 염분 가득한 수분이 내 눈을 적시고 있었습니다.

드디어 그들의 음반이 나오고 모든 음악인들의 꿈인 '카네기 홀'에서의 공연을 위해 뉴욕에 왔을 때 빈곤과 어둠이 가득한 조국 쿠바와 너무도 상반된 뉴욕, 매끄럽게 다듬어져 하늘을 찌를 듯이 치솟아 있는 빌딩 숲 사이로 펼쳐진 화려하기 이를 데 없는 뉴욕의 밤하늘을 넋 나간 듯 바라보다가 그들은 말 합니다

〈 아름답다! 〉
〈 이것이 살아 있는 것이다. 〉

나는 덧붙입니다.
〈 그들이 노래하고 연주하며 살아 있기에 아름답다. 〉
〈 인생은 아름다워! 〉

〈 내가 살아 있으니 아름답다. 〉

일본 대지진을
보면서
2009
패밀리

서기 1945년 8월 6일 미국 대통령 '트루먼' 대통령의 명령에 의하여 일본 본토 '히로시마'에 인류 역사상 최초로 전쟁에서 원자폭탄이 투하되었다.

3일 뒤인 8월 9일에는 두 번째 원자폭탄이 '나가사키'에 투하되었다.

그로부터 6일 후 8월 15일 그토록 완강하게 연합군의 무조건 항복 요청에 저항하며 버티어 오던 일본은 무소불위 살아 있는 신으로 추앙받던 천황이 무조건 항복을 선언함으로써 세계 2차 대전은 끝이 났다.

원자폭탄이 투하된 후 2개월에서 4개월 사이 '히로시마'에서는 9만 명에서 16만 명 이상이 '나가사키'에서는 6만 명에서 8만 명 이상의 사상자가 집계되었다.

그때 원자폭탄이 투하된 두 도시는 원자탄이 투하되기 전의 모습은 찾아볼 수 없게 초토화되었음은 말할 필요도 없지만 일본 전체가 하찮은 물품 하나에서부터 나라의 경제는 바닥이 나 있는 상황이었다.

그런 일본이 5년 뒤 우리나라의 6.25라는 전쟁이 일본이 재기하는 데의 결정적 호재가 되었다고는 하지만 오늘날 세계 최상위권의 경제 대국으로 발돋움한 것에 대하여 그 힘이 어디에서 온 것인지 의구심이 들지 않을 수 없었다.

그러나 이번 일본의 대지진을 보면서 조금은 그 답을 얻을 수 있을 것 같았다.

이번 대지진은 3월 11일 일본 '도호쿠' 지역 해저에서 규모 9.0의 강진이 발생하면서부터 였다.
위에서 말한 원자폭탄 피해 이후 일본 역사상 최대의 인적, 물적 피해가 발생한 것이다.

일본 역대의 최대지진은 물론이거니와 세계사상 네 번째로 큰 지진으로 기록된다.

인명 피해만도 2만 7천 명이 넘으며 14만 호에 가까운 건물이 파괴, 유실 또는 소실 침수되었다.
도로 교량 철도 등도 2.247개소가 손실되었을 뿐 아니라 그 지역에 분포되어 있던 세계 유수의 기업 도요타. 혼다. 닛산.

소니. 파나 등의 공장들이 가동을 중지하여야만 했다.

수출을 하려던 차는 모두 폐차되었으며 주가가 하락하고 엔화
가격이 하락하였다.
이번 지진으로 인하여 약 40조 원의 경제적 손실을 입었다.

여기에서 우리는 참으로 기이한 현상을 보고 느끼게 된다는 점
이다.

흥분되고 격앙된 목소리로 연일 외쳐 대듯 하는 우리나라 방송
사 아나운서들과는 너무도 다르게 그토록 큰 국가적 재앙을 당
한 당사국인 일본의 아나운서들은 결코 흥분하거나 목청을 돋
우는 법 없이 너무도 차분하고 조용한 목소리로 사건의 상황을
보도하고 있었다.

조금만 무슨 일이 벌어지면 연일 흥분된 목소리로 보도하는 우

리나라의 아나운서들과 피해지역의 주민들과의 인터뷰는 카메라를 들이대기가 무섭게 통곡하고 절규하고 울음을 터트리는 보도에 익숙해져 있는 나로선 쉽게 이해가 되지를 않았다.

정작 지진피해지역 주민들과의 인터뷰에서도 눈물을 거의 볼 수가 없었다.
그들은 한결같이 사건이 있었던 때의 참혹했던 상황을 차분하게 설명하고 있을 뿐이었다.

그들이 과연 그토록 엄청난 재앙을 당한 당사자들이라고는 도저히 믿어지지가 않았다.
일본 국민이란 원래 이토록 냉혈적일만큼 냉정한 사람들일까?

눈물이 많고 정이 많은 우리들로선 비단 나뿐만이 아니라 대부분이 선뜻 이해하기가 쉽지 않았을 것이다.

그러나 돌이켜보면 그런 냉정함이 세계 2차 대전 패망 이후 폐허
에서 오늘에 일본이 있게 한 동력이 아닐까 하고 생각해 본다.

그리고 놀랍고 무서운 것은 우리 온 국민이 일본을 돕기 위해
성금을 모으고 있던 그 시간에도 독도는 일본의 영토라고 주장
하고 있었다는 사실이다.

일본은 이번 대지진이라는 최악의 재앙을 맞이했지만, 여전히
그들은 우리나라보다 부강하다.

생각하면 정말 소름이 돋게 무서운 국민이다.

우리는 과거의 어두운 역사에만 얽매여 그들을 무조건 미워하
고 적대시하는 데에만 머무를 것이 아니라 우리도 냉정하게 앞
뒤를 되돌아 살펴보는 눈과 생각을 가져야 하는 것이 아닌가
하는 생각을 해본다.

그리고 그들을 똑바로 알고 그들에게서 배워야 할 것은 배워야

할 것이다.

책을
읽는다는
것

비단 어제오늘에 느끼는 것이 아니지만, 오늘에 우리는 너무나 글을 읽지 않는다는 것입니다.

그러니 '에스프리'의 영역이 넓어질 수가 없습니다.
참으로 불행하고 슬픈 일이 아닐 수 없습니다.
지금 이 시대가 볼 것 할 것을 너무도 많이 빠르게 주고 있기 때문은 아닌가 하는 생각이 듭니다.

그러나 정작 슬픈 것은 엉뚱하게도 다른 곳에 있지 않나 하는 생각입니다.

좀 역설적인 이야기가 될는지 모르지만, 그리고 모두가 다 그런 것은 아니지만, 대부분의 경우가 그 읽는 글의 성격에 문제가 있다는 것입니다.

본래 자본주의의 바탕이 상업성에 있는 것이긴 하지만 소위 베스트셀러다 뭐다 하면서 요란이 아니라 거의 극성에 가까운 부추김을 주는 책이란 것들이 어쩌면 대부분 말초신경을 자극하는 감성적 글이거나 진실한 알맹이가 없다는 것입니다.

그래서 귀하디귀한 소수의 독서층이 글을 읽지 않는 사람보다 사실은 더 병들어가는 것인지도 모릅니다.

그런 글들엔 부단히 지성과 지식의 영양을 공급받아야 할 시기에 여성적 특유의 섬세한 감정과 감상이 자리를 잡습니다.

그런데 더욱 문제는 그런 것이 지성이라며 자신 스스로 지성을 먹은 것이란 치유 힘든 착각에 빠진다는 것입니다.

그래서 오늘의 지성이 그리도 경박한 것인지 모르겠습니다. 근원적이고 참 인간 그리고 인생을 얘기하자는 책은 서점 저 한쪽 구석에 먼지를 덮어쓴 채 밀려나 있은 지 이미 오래 인 것 같습니다.

슬프지만 이것이 지금 우리가 머무는 이상야릇한 에스프리의 세계입니다. 오늘 우리는 진가의 판별력을 자꾸만 상실케 하는 현실에 살고 있는 것인지도 모릅니다.

조금만 진지한 얘기를 하자면 그런 책은 딱딱하고 지루한 글로 치부되기 십상입니다.

아예 읽으려 하지를 않는 것이지요.

보다는 여배우의 하찮은 이야기나 싸구려 감상이 참 책을 읽어
야 할 손에 쥐어져 있습니다.
물론 모두가, 모두가 그런 것은 정말 아니겠지만…….

우리가 글을 읽는다는 것은 매우 중요 합니다.
좋은 글이란 반상에 잘 차려놓은 밑반찬과도 같은 것입니다.
영양이 고르게 듬뿍 담긴 밑반찬을 부지런히 먹다 보면 어느
사이 지식이 두터워지고 생각의 영역이 넓어지기 때문입니다.

우린
어떤 삶을
살아야 할까

의학적 논리로 말한다면 남녀가 사랑을 할 때 즉 한 번의 방사를 할 때 우리 인간이 될 수 있는 정자의 마릿수가 무려 일억 오천~삼억 오천 가까웁게 방사가 된다고 합니다.

단 한번 방사에 말입니다.

한 생명을 탄생시키기 위하여 그토록 엄청난 수의 정자가 방사된다는 사실이 조금은 놀랍고 많은 의문을 던져 줍니다.

또 방사됨과 동시의 그 많은 정자는 어머니의 자궁을 향해 일제히 돌진을 하게 됩니다.

아직 생명이랄 것이 없는 그 수억의 정자는 결코 편안한 여행이 아닌 그때 이미 한 생명으로 태어나기 위한 전쟁과도 같은 투쟁의 경주를 시작합니다.

그래서 제일 힘이 있고 제일 먼저 자궁에 진입한 한 개의 정자가 인간이란 생명으로 이 세상에 태어나게 됩니다.

강한 자만이 살아남는다는 자연의 섭리가 그때부터 적용된 것인지 모릅니다.

그런데 이것은 의학적으로 한 생명이 태어나기까지의 과정을 이야기한 것일 뿐 실제 우리가 태어난 것은 보다 큰 행운이 따

랐기 때문인 것을 깨달아야 합니다.

우리의 생명은 단 한 번의 방사에서 정말 럭키 하게도 태어난 것이 아닙니다.

인위적으로 피임을 하고 그렇지 않다고 해도 생명이 잉태될 수 있는 환경이 조성되는 주기가 맞아야 하고 그때까지 숱한 횟수의 방사가 있습니다.

그러니까 우리는 아무리 적게 줄잡아도 아마 수조대 일로 태어난 생명임을 알 수가 있습니다.

그렇다고 보면 하버드나 케임브리지 서울대 등의 입시 경쟁은 아예 비유가 될 수도 없습니다.

우리는 그처럼 엄청난 경쟁 뒤에 태어났습니다.

2003, 나빌리움

새 생명을 가리켜 누군가 위대한 탄생이라고 말한 것은 참으로 적합한 표현이라 생각됩니다.

그런데 여기서 우리는 한 가지 기묘하고 어쩌면 재미있는 현상 한 가지를 발견하게 됩니다.

그것은 그토록 위대한 생명이 똑같이 어머니의 뱃속에서 열 달 동안 인간의 형태로 완성된 후 태어났는데 세상에 나와 보니 이목구비가 반듯하고 부족한 것이 없어 보이지만 그 생명이 태어난 환경은 첩첩산중 산골 농군의 아들 그것도 올망졸망 형제가 많기도 한 몹시 가난한 집에 태어났습니다.

또 어떤 생명은 어딘가 모르게 조금 저능아적인 생명인데 태어나고 보니 그냥 시간만 기다리면 저절로 왕위가 보장된 왕세자로 태어났습니다.

참으로 미묘하고 재미있는 현상이 아닐 수 없습니다.

여기까지를 동양철학적 의미에서 말한다면 자기가 타고난 분복(分福)이라 말할 수 있습니다.

헌데 우리가 주목해야 할 것은 동양철학적 의미로 말하는 대로 그렇게 정해지고 마는 것이 우리의 인생이라면 그건 정말 너무도 싱겁고 재미가 없는 인생일 것입니다.

또 우리가 살아야 할 의미나 가치가 없는 오로지 선천성에 의해 짜여진 삶을 살아야 하는 인생이고 말 것입니다.

우리 인생의 참 묘미는 후천성의 개발에 있다고 봅니다.

항문이 찢어지게 가난한 농군의 아들로 태어났기 때문에 쉼 없

는 노력과 자기 개발로 후일 한 나라의 대통령이 될 수 있었던
가 하면 너무도 부족함이 없는 절대 환경에 태어난 탓에 일찍
부터 많은 후궁과의 방탕이나 정적에 의한 죽음을 당하기도 하
는 것 이것이 인생이기도 합니다.

그러므로 우리는 자신의 후천적 개발이나 목표를 위해 더없는
노력을 하는 인생이어야 합니다.

그러나 이것은 지극히 상식적이고 보편론적인 이야기일 뿐입
니다.

이제 조금 더 구체적인 이야기를 해볼까 합니다.

인간 세상엔 절대란 없습니다.

그러나 절대성의 이야기가 있습니다.

그것은 생명의 시한에 관한 것입니다.

세상의 모든 생명체는 그 생명이 넘을 수 없는 시간의 한계가
있습니다.
불교에서 말하는 생로병사(生老病死)를 인용하지 않더라도 생
명은 영원할 수가 없습니다.
반듯이 어느 땐가는 생명 그리고 삶의 무대에서 살아져야 합니다.

또 한 가지 절대가 있습니다.

우리의 인생은 두 번의 기회가 없다는 것입니다

말하자면 우리의 생명은 내가 태어난 것 그 자체로 오직 한 번
뿐인 인생으로 끝이 난다는 사실입니다.

어떻게 보면 우리가 살아 있다는 것은 죽고 있다는 것과 같은
것이라 할 수 있습니다.

그러기에 우리 인간은 오직 한번 밖에는 태어날 수가 없고 또
죽는다는 절대 사실을 인정하는 데에서 언제나 새롭게 출발을
하여야 하며 그렇기에 자신의 삶에 끊임없는 가치를 부여하는
인생이어야 합니다.

삶의 시간이 결코 길지 않고 죽음은 예고하며 찾아오는 것이
아닙니다.
예측할 수 없는 죽음이 항상 눈앞에
머물고 있다는 것을 깨달으며 사는 인
생이라면 아마도 자신의 그 귀하디귀
한 생명의 시간과 삶에 대하여 게으름
을 피우지는 못할 것입니다.

그렇다면 어떻게 사는 것이 가치 있는 삶인가?

결코, 짧은 한마디로 말하거나 정의할 수는 없겠지만, 그것은
자신의 참 삶을 찾는 것이라 생각합니다.

다시 말하면 자신만의 특성 있는 그리고 자신만이 가지고 있는
개성적 삶이라 할 수가 있습니다.
누가 원하거나 강요해서가 아니라 나 자신이 하고 싶은 것을
할 줄 아는 인생이어야 한다는 것입니다.

어느 나이가 되면 학교에 가야 하고
어느 나이가 되면 혼기를 놓치기 전에
결혼을 해야 하고 또 결혼을 하면 아
이를 낳아야하고 그래서 지아비를 섬
기고 아이들의 좋은 엄마가 되고, 아

빠가 되고, 세월이 더하면 자식 출세를 시켜야 하고 노후엔 어
린 손자 재롱 보는 재미에 빠지고 그리고 늙었으니 죽어야 하
고…….

이것을 우리는 인생이라 믿어 왔습니다.

그러나 이것을 인생이라 긍정한다면 결코 자신의 귀한 삶을 찾
을 수 없습니다.

정해진 곳을 향해 가는 행렬과도 같은 것입니다.

그리고 고정관념에 의한 인습일 뿐입니다.

결코, 자신의 삶을 진실로 추구하는 인생이 아닙니다.

논리학 1장은 기준에 대한 정의입니다.

우리는 하나의 기준을 정할 때 어떻게 정하는지 아니 어떻게

정하여 왔는지 생각해 보아야 합니다.

간단한 예로 선(善)과 악(惡)에 대하여 보겠습니다.

태초에 어떤 선이 분명하게 그어져 있어서 이쪽은 나쁜 것, 저쪽은 좋은 것이라 되어 있는 것이 아니지요. 단지 다수의 사람들이 그 시대 그 배경과 상황에 따라 이런 것은 좋은 것이고 이런 짓은 나쁘다고 정한 것에 우리는 따라온 것임을 알 수가 있습니다.

좀 극단적인 비유를 하자면 애꾸눈만 사는 곳에 두 눈을 가진 한 사람이 들어오면 애꾸눈들은 소리를 칩니다. 〈 야— 저기 눈 두 개 달린 병신이 나타났어! 〉 할 것이 자명합니다.

이것이 논리학에서 말하는 다수의 횡포이며 이런 횡포가 굳어질 때 인습이 되며 그 인습은 고정관념으로 굳어집니다.

그러니까 우리는 그런 고정관념의 강요된 굴레 속에서의 인생을 살아온 것이라 할 수 있습니다.

그렇기에 참, 자신의 삶을 찾으려면 과감하게 그 강력한 고정관념의 틀을 깨고 나오지 않는다면 절대 불가능하다 할 것입니다.

고정관념 또한 필요에 의해 만들어진 것이지 절대가 아니란 것을 알 수 있기 때문입니다.

고정관념의 틀을 깨고 나오면 자신의 인생이 얼마나 귀하고 아름다운 것인가를 느끼게 될 것입니다.

지금까지의 기쁨이나 행복이 얼마나 우스운 것이고 한쪽 길 밖에는 가보지 못한 외길 삶 이였다고 깨닫게 될 것이며 분명 지금까지와는 정말 다른 삶의 가치를 발견할 수 있을 것입니다.

아니 분명 인생의 새로운 오솔길 산책이 있을 것입니다.

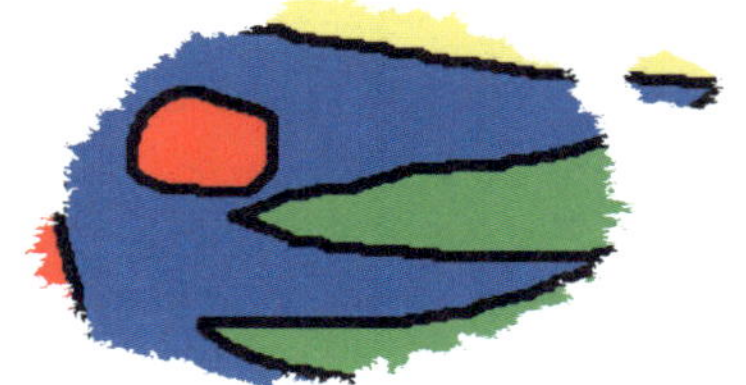

◆ 각 주

폴 고갱 (Paul Gauguin) (7 – 폴고갱에 대한 짧은 회상)

1.팔레트를 들고 있는 자화상 (Self portrait with a palette. 1893년 / 유화)

2.아레아레아 (기쁨) (1892년 / 유화)

앙리 드 툴루즈 로트렉 (Henri de Toulouse-Lautrec) (10 – 사랑은 울지 않는다)

1. 화장 (1896년 / 유화)

2. 춤추는 잔 아브릴, "자르댕 드 파리" 포스터를 위한 습작 (1893/유화)

파블로 피카소 (Pablo Ruiz Picasso) (13 – 피카소와 큐비즘에서의 작은 에피소드)

1. 거울앞의 소녀 (Girl before a Mirror, March 1932 / 유화)

2. 아비뇽의 처녀들 (Les Demoiselles d'Avignon. 1907년 / 유화)